融媒体时代新闻业务实用读本

新闻采写70问

姚赣南　常　亮　张超南 / 著

中国国际广播出版社

图书在版编目（CIP）数据

新闻采写70问 / 姚赣南，常亮，张超南著. — 北京：中国国际
广播出版社，2022.11

ISBN 978-7-5078-5248-6

Ⅰ.① 新… Ⅱ.① 姚… ② 常… ③张… Ⅲ.① 新闻采访－
问题解答 ② 新闻写作－问题解答 Ⅳ.① G212-44

中国版本图书馆CIP数据核字（2022）第197975号

新闻采写70问

著　　者	姚赣南　常　亮　张超南
责任编辑	尹春雪
校　　对	张　娜
版式设计	陈学兰
封面设计	赵冰波

出版发行	中国国际广播出版社有限公司 ［010-89508207（传真）］
社　　址	北京市丰台区榴乡路88号石榴中心2号楼1701
	邮编：100079
印　　刷	环球东方（北京）印务有限公司

开　　本	710×1000　1/16
字　　数	300千字
印　　张	20.5
版　　次	2023 年 2 月 北京第一版
印　　次	2023 年 2 月 第一次印刷
定　　价	48.00 元

序　言

　　姚赣南、常亮和张超南三位同志，都是我在人民日报社的同事，都是多年深耕新闻一线的优秀编辑记者。他们撰写的专著《新闻采写70问》，与其说是一本新闻理论著述，不如说是一本新闻实战手册，抑或一本新闻技术手册更为恰当。无疑，这既是作者多年新闻实践的心得，也是写给初学者的新闻题解。

　　全书文风朴实无华，观点率真本色，是一部很好读的作品。相信对新闻从业人员会有很实在的启迪和引导。

　　至少从2021年开始，我国已步入全媒体传播体系建设的2.0时代。中央和省、市、县四级媒体迈向集AI（人工智能）、大数据、算法为一体的全周期升级。媒体的重点放在打造贴合流程再造与应用场景的AI中台架构。音视频审核精度升级，依托智能算法和知识图谱，可实现秒级审核。媒体发展深度融合，舆论生态变化深刻。在这"百年未有之大变局"中，新闻媒体也快步进入了百年之变，无法回避，更无法拒绝。我们都是局中人，置身其中，既是挑战，更是机遇和幸运。这一代新闻人肩负的使命重大，面临的挑战空前，我们无可选择，必须勇毅前行。

　　媒体发展的巨变，既需要我们具有守正创新、拨云见日的境界格局，更需要我们具有万变不离其宗的战略定力。我们已在大考路上。

　　马克思主义哲学历来重视创新和传承的关系，历史唯物主义更是将传承视为历史赓续推进的桥梁。真正的创新都离不开真正的传承。在文化自信中，将我们的创新基础夯实，有时需要下点真功夫和笨功夫，包括方法和技巧等基本功也不可或缺。这也是习近平总书记多次强调的"绣花"功夫。匠心也是初心，工匠精神其实也是一种文化信仰。割裂传统的创新肯定是无本之木、无源之水。走不通尚可回头，走乱了有时迷途难返。也正因如此，我才愿意向读者推荐本书。

这本小册子中多是新闻的传统话题，偏于操作。但也正是这种本色和本分，才让我们嗅出老酒的味道，感受到陈式太极拳的招法。其实，任何一个事业都是从历史走向未来、从传承续写新篇、从微言大义到精雕细琢的。只有基本的东西不丢，传统的手艺不弃，该守的一定要守住，才能不被潮流所误，不被时代甩下。我甚至相信，无论媒体发生怎样的巨变，新技术如何为其赋能，传播必备的要素和原则——新闻的真实性和可读性，都是必须坚持的。技术可以迭代，但传统一定会树大根深、历久弥新。更何况新闻事业归根结底也是一种文字功夫，需要激情，也需要理性；需要传播速度，也需要点睛之笔。讲好中国故事，除了政治上的把握外，如何表达精准、铺陈到位也是有技术含量的。"长江风平浪静，我军万船齐放"，毛主席当年193字的新闻《我三十万大军胜利南渡长江》全篇平实无饰，但字字珠玑，以不能再精简的文字、不能再朴拙的叙事，报道了一场大战和一个王朝的倾覆，成为新闻史上的经典。

向经典致敬，也是向传统致敬。

张建星

（作者系中国报业协会理事长、人民日报社原副社长）

前　言

　　新闻宣传工作对社会精神生活和人们的思想意识有着重大的影响，对城镇发展有着重要的促进作用。新闻宣传工作要把人才培养放在首位，努力提高宣传干部的整体素质。基于这个目标，《新闻采写70问》一书的问世，为宣传干部提供了又一个可借鉴的读本。

　　2016年初，为落实习近平总书记关于"三个转变"的重要指示精神和李克强总理的批示，国家财政部、国家质检总局批准设立了经济类重大研究项目"品牌价值提升工程"。其中，城市品牌评价子项目由《中国城市报》承担。

　　《中国城市报》在国家市场监管总局、国家标准委支持下，研究制定了《品牌评价 城市》《新型城镇化 品质城市评价指标体系》等多项国家标准，并根据上述国家标准和国家统计局相关数据，连续5年发布了全国城市品牌评价指数、全国城市品质指数、全国城市传播指数、感动世界的中国旅游名县、全国特色小城镇传播指数等6个榜单，为城市发展提供了科学的决策依据和系统参考，赢得了多座城市领导的好评和数千家媒体报道转发。

　　《中国城市报》是在中国城镇化高速推进转型发展的背景下应运而生的，隶属于中国共产党中央委员会机关报人民日报社，承担服务国家新型城镇化战略、推动中国城市化进程和引导城市可持续发展等职能。成立至今，《中国城市报》一直在思考媒体在城市化进程中应该扮演什么角色？

能够扮演什么角色？怎样扮演好这个角色？

提升新型城镇化质量必须要解决人民日益增长的美好生活需要和不平衡不充分的发展之间的矛盾，迫切需要媒体在发展过程中充分发挥引导、协调、整合和润滑的作用。《中国城市报》一直致力于做中国城市发展与进步的真实记录者、理性观察者和历史见证者，为中国城市的成长、发展与进步创造良好的舆论环境。

舆论环境的好坏，对一个地方的经济社会发展至关紧要。好的舆论环境，有利于资本聚集，进而产生倍加效应；有利于企业发展，展现示范效应，吸引投资；有利于赢得口碑，形成城市品牌效应，提升城市竞争力。上述发布的多项国家标准和多个榜单在推动城市高标准塑造城市品牌、高水平提升竞争优势、高质量转化发展动能等方面发挥了巨大作用，营造了积极的舆论环境。

在此背景下，为了让城市发展和舆论环境更好地互动促进，《新闻采写70问》从技术层面分享实用的采访、写作、编辑技巧，从实践层面讨论以守正创新推动舆论工作开创新局面的方法，进而促进现代城市传播方式、传播网络、传播体系的构建。

相信此书会受到广大读者的欢迎。

杜英姿

（作者系人民日报社属《中国城市报》总编辑）

目　录

第一章　采访篇 / 001

第 1 问：新闻采访有哪几种方式 / 003

第 2 问：什么是"新闻的眼光" / 007

第 3 问：为何说"提问是采访成败的重要因素" / 011

第 4 问：新闻采访要抓哪几个关键点 / 019

第 5 问：怎样搜集素材 / 024

第 6 问：采访如何"心入" / 031

第 7 问：怎样从工作简报中找到新闻线索 / 037

第 8 问：什么叫"三罕"新闻 / 040

第 9 问：写通讯如何从观察入手 / 043

第 10 问：这次采访为何"要穿最破的衣服" / 047

第二章　写作篇 / 051

第 11 问：写作技巧神秘吗 / 053

第 12 问：写文章的基本要求是哪三个字 / 057

第 13 问：写作的七个节奏，你学会了吗 / 060

第 14 问：怎样找新闻由头 / 064

第 15 问：文章写得比较杂乱、没有层次，怎么办 / 069

第 16 问：写出精品文章的基础是什么 / 072

第 17 问：为何说"写好导语，成功一半" / 075

第 18 问：写新闻稿怎样讲故事 / 079

第 19 问：怎样写"新闻小故事" / 082

第 20 问：写新闻稿如何把复杂的事情简单做 / 086

第 21 问："凡人小事"的稿件该怎样写 / 090

第 22 问：如何写好"以小见大"的稿件 / 094

第 23 问：怎样写专访 / 098

第 24 问：人物通讯中怎样描写人物 / 102

第 25 问：如何把消息改为通讯 / 111

第 26 问：你会写这 7 种通讯吗 / 115

第 27 问：写出一篇好文章要走好哪四步 / 120

第 28 问：文章怎样结尾 / 124

第 29 问：文章中如何描写气氛 / 128

第 30 问：写好会议新闻有何妙招 / 132

第 31 问：新媒体新闻怎样写 / 136

第 32 问：怎样写好新媒体文案 / 139

第 33 问：怎样写游记 / 143

第 34 问：怎样写"旅游漫笔" / 150

第 35 问：如何用寻找"差异"的方法写文章 / 154

第 36 问：文章中的"金句"是怎样炼成的 / 157

第 37 问：新闻稿怎样站起来、动起来 / 161

第 38 问：新闻稿如何写出"温度" / 166

第 39 问：你会用"数字式导语"写新闻吗 / 170

第 40 问：写作转折点何时出现 / 174

第三章　编辑篇 / 177

第 41 问：编辑要有哪"四心" / 179

第 42 问：怎样把"一团乱麻"的稿件编成精品 / 182

第 43 问：为何要"热情地下笔，冷静地下刀" / 186

第 44 问：做标题有口诀吗 / 190

第 45 问：新闻标题上可以用标点符号吗 / 198

第 46 问：怎样做会议新闻标题 / 203

第 47 问：做小标题有何窍门 / 211

第 48 问：通讯与消息有何区别与联系 / 216

第 49 问：怎样给文章"照镜子" / 220

第 50 问：为何说这是一本新闻实战的好书 / 223

第四章　人才篇 / 227

第 51 问：如今媒体需要怎样的人才 / 229

第 52 问：优秀媒体人应具备哪些特质 / 233

第 53 问：记者的职业特点是什么 / 237

第 54 问：范长江对记者工作有哪些要求 / 243

第 55 问：走基层后有哪些感悟 / 246

第 56 问：江郎才尽是何因 / 249

第 57 问：写作"多面手"是怎样炼成的 / 253

第 58 问：名人身上有哪些闪光点 / 261

第 59 问：记者为何不可追求"高规格招待" / 265

第 60 问：如何用写作来调节情绪 / 269

第五章　提升篇 / 273

第 61 问：什么是深度学习 / 275

第 62 问：新闻"无学"吗 / 279

第 63 问：如何把新闻培训办得生动、有实效 / 283

第 64 问：如何成为新媒体文案高手 / 288

第 65 问：媒体为何要"研究读者" / 292

第 66 问：如何突破写作"瓶颈" / 295

第 67 问：我国古代文论对新闻写作有哪些启示 / 301

第 68 问：新媒体信息有何缺陷 / 305

第 69 问：新闻失实是何因 / 309

第 70 问：媒体人如何守正创新、笃行致远 / 312

后　记 / 315

第一章 采访篇

第1问：新闻采访有哪几种方式

一篇新闻稿的产生要经过以下4个环节：采访、写作、编辑、发表。在这4个环节中，采访是最基础、最关键的一环。新闻采访是新闻写作的基础，通过采访获得素材，回来后才能整理、写作、完稿。

不采访，写作就成了无米之炊，就写不出新闻稿。如果用现成材料东拼西凑去写新闻稿，便会不生动、不具体。因此，新闻工作者必须充分理解采访的内涵，掌握采访的各种方式，增强采访的本领，为写作搜集丰富的资料。

针对不同的采访对象和不同的场合，采访的方式有以下几种。

个别采访法

这是"一对一""面对面"的采访方式。记者要预先准备好采访提纲，一个问题接着一个问题发问。无论是录音记录还是用笔记录，都要求完整记录回答内容，以便回去后整理。

"一对一"采访的好处是，可以问得比较深、比较透；倾听得比较仔细、全面；有时还可以追问，问那些临时想起的、采访提纲上没有的问题，记者的主动权比较大。在采访中，应当主动与采访对象建立起良好的关系，让他说出"心里话"。

人物专访基本上是采用这个方式进行的。记者在选好采访对象后，一是必须到现场，二是必须近距离接触，三是要问新事、问近况。这样，写出来的稿件才能有新闻性、可读性。

新闻发布会采访法

新闻发布会往往采取新闻发言人先发言、记者后提问的方式进行。有的新闻发布会会有一个通稿，发稿时，把通稿改成自家媒体所要求的样子就可以了。没有通稿的，就要记者自己写。

此外，关键的一点是记者能否在新闻发布会上得到提问的机会。因此，在参加新闻发布会之前，应当准备几个有针对性和目的性的问题。新闻发布会上的提问，代表记者本人以及所在媒体的业务水准。到了提问环节，记者要大胆举手、大胆提问，这样便可以获得自家媒体的独家信息。在媒体刊登时，会有与众不同的面貌。

人民日报社的一位记者说："参加记者招待会，对我来说就像参加一场刺激性很强的竞赛。进入这种场合，我全身的神经都活跃起来，全部的知识储备都动员起来，很快就进入兴奋状态，你完全可以期待自己超水平发挥。"

召开座谈会采访法

这也是"面对面"的采访，不过是"一对多"。

参加座谈会的人应当有代表性，发言可各有侧重。在座谈会上，还可以就一些问题展开讨论、达成共识。一个座谈会只有一个主题，不要把几个不相关的主题放在一起。

记者在座谈会上要有互动亲和能力，使参会者很快进入状态。记者在会议过程中要控制好节奏，在规定时间内完成既定访谈任务。同时，应当具备较强的提问和倾听能力，通过座谈挖掘出问题的本质和核心。

在整理稿件时，只选每个人发言中最精彩、最经典的部分，不能全盘实录，不可写成会议记录。

现场随机采访法

这种方法没有特定的采访对象。记者或在现场，或在生活中把看到的、听到的新闻事实收集起来，有时偶然会问一下路人甲、路人乙。这种采访看似有点盲目，实质上采访者心中是有数的。因为随机采访中有用的内容将成为新闻素材，而那些无用的材料（可能是大量的）将被筛选出局。

比如，中国女足拿到了东京奥运会入场券，这件事在社会上反响较大。媒体可派记者在街上随机采访路人，听听他们的想法与心声，肯定会得到许多真实的内容。在采访前，记者应设计好几个题目。在采访中，要态度诚恳、干脆快捷，对采访的人要有一定的数量要求。

蹲点调研采访法

与座谈会只开两三个小时不同，蹲点调研采访法要求记者到新闻发生第一线住上三五天甚至更长时间。在调研中要从社会热点和读者关心的问题入手，层层挖掘，层层剖析。用这种方法写出的报道比较有深度，影响力比较大。

《人民日报》2013年7月23日发表的《驻村三日》一文，就是记者深入福建省福安市，驻村三日开展基层调查，走访了13个村后写成的通讯。这篇通讯回答了"当下农村是个什么状态""未来农村建设、农业发展、农民增收的希望在哪里"等问题，取得了良好的社会效果。

大会采访法

对于各种重要会议的采访，记者必须先要有策划选题的准备。要全程参加大会，不要蜻蜓点水式地报个到就算到会了。除参加大会、听报告、看文件、领会会议精神、写出通稿外，应当再写一些会议的独家新闻、专访或会议花絮。

参会的记者必须见缝插针，利用会议开始前、中间休息时、会议结束后的时间完成对与会代表的采访。会议新闻不能只满足于编写简报，应当向与会代表提一些读者关心的质量较高的问题，让会议新闻出新、出彩。

问卷调查采访法

此法可以在网上进行，也可以通过电话、邮寄的方式进行。

问卷调查采访法是国内外社会调查中较为广泛使用的一种方法。它的主要优点在于标准化，便于统计。答题可用打钩的形式，也可用填文字的形式。

出调查问题时，内容要具体，不要提抽象、笼统的问题。表述的语言要简明扼要，不要使用陌生的语言，不要使用模棱两可、含混不清或容易产生歧义的语言或概念。

对收回的问卷要做认真统计，归纳整理，找出带规律性的意见与结论。

电话采访法

这是在某些特殊情况下，因无法与采访对象见面而采用的办法。

其基本要求是，电话采访前必须做好功课，对采访对象的基本情况有所了解，并列出采访提纲。打电话要选好时间，对获得的信息要认真核实，以确保新闻的真实性。稿件完成后要让对方审阅修改，同意后再发表。

电话采访因为通话时间限制，受访人回答问题思考时间少，故内容略显粗糙，资料不够完整。这是电话采访的不足之处。

第2问：什么是"新闻的眼光"

写新闻要用"新闻的眼光"，而不能用普通生活的眼光，不能用日常工作的眼光。

什么是"新闻的眼光"？"新闻的眼光"就是敏锐的眼光、深入的眼光，能够迅速发现有价值新闻的眼光，而不是雾里看花、水中望月，让新闻在眼皮底下白白溜走。

笔者在人民日报社工作时，听过两个关于"新闻的眼光"的小故事：

其一，当年，人民日报社的一位资深记者在六月下旬陪同外宾访问韶山，本来并无报道任务。但是，他在陪同外宾时处处注意，时时当"有心人"，仔细观察、询问，及时写出了《七一前夕话韶山》一文，被报纸头版选用，很好地配合了迎接党的生日的报道。

其二，有一次，在人民日报编前会上，大家随便聊出了一个话题：让老劳模安度晚年。一位参会的同志意识到这件事很有新闻价值，于是他率先执笔成篇，以此为题写了一篇"今日谈"，给报纸版面增添了"鲜货"。

这两个小故事说明，天涯处处有芳草，好记者眼中时时有新闻。有了像老鹰一般的眼睛，开动脑筋，就能及时发现新闻、抓住新闻，写出好新闻。

那么，怎样才能培养出"新闻的眼光"呢？笔者认为，可以从以下几个方面入手。

吃透上级精神

这个上级精神，包括党和政府的精神，也包括企事业单位领导的精神，以及媒体编辑部的精神。

当一个新闻现象出现时，记者要迅速地把它与党和政府的中心工作联系在一起，与媒体编辑部的近期报道中心联系在一起，看看这件事是否符合上级精神，是否为媒体报道所需要。如果不符合，就一票否决；如果符合，就继续跟踪，深入采访。

这就是记者的政治洞察力，能够用政治家的眼光去分析问题，而不是人云亦云、随波逐流。

了解读者需求

一个新闻事实除了"新"之外，还必须考虑是否有广大的受众，是否会得到读者的关注并引起他们的兴趣。

读者的需求是多方面的，有的人关心时政，有的人关心经济，有的人关心体育，有的人关心文艺，各种人群有不同的关注点。无论读者关心的是哪方面内容，记者用"新闻的眼光"捕捉的新闻都应当遵循贴近读者心理这一条。能引起读者共鸣的报道，才是好新闻。

记者在捕捉新闻和写作时，不妨换位思考一下，站在读者的角度来看，喜欢不喜欢这条新闻。这样做，写出来的新闻就有了读者基础。

寻找新闻的"点"

新闻现象的出现有时是不明确的，甚至是蒙混的，存在于一大堆繁杂现象中。要把它"挑"出来、"拎"出来，就必须找到新闻的"点"。这个"点"

就是亮点、痛点、难点、疑点、看点。

凡是能让人眼前一亮的人和事，都要抓住它。人民群众的意见、困难、呼声，应当十分重视。防止和克服形式主义、官僚主义的任务艰巨，这是难点。对于一些有争议的问题，要多问几个为什么。

总之，新闻不是寻常事，是那些重要的、有用的、难忘的、感人的、奇特的、有趣的事。凡是有"新闻的眼光"的记者，可以迅速地找到那个"点"，这是与他的多年经验和知识积累分不开的。

多读书、多看报

多读书、多看报、多看新闻、多看文件是媒体人每天的必修课。养成天天看新闻的习惯，可以知晓时事、知晓政策走向。读书看报可增加知识积累。如果只是每天疲于奔命，写稿发稿，"子弹"会打光，储备会不足，专业的眼光就会落后。

手机上的文字、图片、视频可以看，但纸质的文字更应当看。因为纸质的文字更具权威性、资料性、系统性，可信度比较高。

深入一线采访

新闻除了"新"之外，"真"和"深"也特别重要。为了求真求深，就要在采访时下功夫，要深入下去，与群众交朋友，让他们说出知心话、真心话。同时，认真核对事实，保证不出差错。

写出深度报道的首要条件是要挖掘得深，知道事情的来龙去脉、前因后果，并且有一定的预见性，写出有特色的文章，成为独家新闻。如果不深入下去，只做蜻蜓点水、走马观花、浮光掠影式的采访，那只能写一些表面的东西。

"新闻的眼光"是高屋建瓴的判断，是见微知著的留意，是争分夺秒的行动，是勤于思考的答卷。一切有志于新闻工作的朋友，都应在学习与实践中练就"新闻的眼光"，带着敏感、静气和激情，写出一篇又一篇好新闻。

第3问：为何说"提问是采访成败的重要因素"

记者和通讯员进行采访能否获得成功，重要因素是两个字：提问。

"提问"是采访的第一道门槛，是获取新闻素材的重要途径。只有"提问"得好，才能有好题目；只有"提问"得巧，才能有好内容。敢于提问、善于提问是记者和通讯员的一项基本功。

如果没有提问，只是当"文抄公"或"哑巴"记者和通讯员，是很难写出好文章的。

提问是有技巧的。问题提得不好，往往会让采访对象无话可说，甚至使采访不欢而散；问题提得好，就可以聊很长时间，令采访对象说出心里话，采访到有价值的材料。

提问不妥的情况有以下几种。

愚蠢的提问叫人蒙

愚蠢的提问是不动脑子的提问、无厘头的提问。提出的问题往往让采访对象无所适从，或者直接被问蒙了。

比如，某电视台的一位主持人在采访留守儿童时，有这样几句对话：

主持人问留守儿童："平常吃肉吗？"

留守儿童答："不经常吃。"

主持人追问："是肉不好吃吗？"

留守儿童只好尴尬地答："不是，没有钱……"

这犹如当年晋惠帝发问"百姓无粟米充饥，何不食肉糜"一般，完全体谅不到对方的处境。提问者要学会思考，这是基本的要求。切记！

万能的提问很单调

万能的提问是不计场合、不计时间可以通用的提问。这种提问既省时又省力，几乎不用准备。但由于过度"通用"，回答往往也很通用、很平常，没有什么波澜起伏，不能调动采访对象的情绪，也必然不能引起读者的关注。

在一场比赛或一次会议结束之时，有的记者常常会向参与者这样提问："此时此刻，你的感觉如何？"这真是个万能的提问！足球赛可用，篮球赛也可用；竣工典礼可用，年终大会也可用。由于问题提得空洞、单调，让回答者无具体目标，只好草草回答几句应付一下。

还有，诸如"你们单位有什么特点""新的一年有什么期待"等，都是"万金油"式的问题。提这些问题，说明提问者不爱动脑筋，准备不充分，只会用老话、套话来应付工作。

关于隐私的提问让人恼

这种提问是"狗仔队"式记者常用的方法。对采访对象的收入、存款、婚姻状况、人际关系等隐私问题穷追不舍，离婚、"小三"、前男友、前女友、商业机密、财产分配等都成了采访的话题。采访对象对这类问题是很反感的，有的保持沉默，有的则表示"无可奉告"。

有一次，某媒体记者向一位电视剧女主演提问："你是否已怀二胎？"

女主演听闻后，立即翻脸，怒斥记者误导舆论，指责提问隐私问题的记者素质低下，需提高业务能力。

喜欢揭别人隐私的人，说明其道德修养不高，不懂得尊重他人，在采访中常常会自讨没趣。

无聊的提问是"瞎掰"

这种提问就是没话找话，属于"瞎掰"，是记者采访准备不充分的表现。有些问题让人丈二和尚摸不着头脑，有些问题风马牛不相及，与采访主题没有关联。

有一次，一位体育主持人采访 10 米跳台冠军，其问题竟然是这样的："你是 1983 年出生的，属猪，那你喜欢不喜欢这种动物呢？"喜欢不喜欢猪与获得跳水冠军有何关系？有人说，提出这样的问题真是有点不合情理。

还有一次，一位记者问国家乒乓球队领军人物："你瘦了很多，能不能笑一下？"在重大比赛场合，让采访对象做个面部表情，有何意义？这是提问者既无聊又不讲礼貌的表现。

在采访中进行高效的提问，才是我们应当学习的。有了精彩高效的提问，才会有精彩的回答，一篇文章的雏形也由此而成。

高效的提问有以下几种。

提出读者迫切关心的问题

我们写报道是给读者看的。因此，所提的问题应当是读者感兴趣的、想了解的。越多的读者想了解，你提的问题的价值就越大。如果提出的问题读者不感兴趣，无人问津，这样的问题最好不要提。

读者感兴趣的问题应当是新鲜的、生动的、有意义的、有趣的、稀罕的。而那些陈旧的、平淡的问题则应在采访提纲中剔除。

1936年，美国记者埃德加·斯诺（Edgar Snow）在赴中国西北革命根据地采访前，就设计了一系列西方人士和国民党统治区读者迫切关心的问题，这些问题包括以下方面：

　　成千上万的农民、工人、学生、士兵参加了红军，同南京政府的军事独裁进行武装斗争。这是为什么？有什么不可动摇的力量推动他们豁出性命去拥护这种政见呢？国民党和共产党的基本争论究竟是什么？

　　共产党怎样穿衣？怎样吃饭？怎样娱乐？怎样恋爱？怎样工作？他们的婚姻是怎样的？他们的妇女真的像国民党宣传所说的那样是被"共妻"的吗？

　　中国共产主义运动的军事和政治前景如何？它的具有历史意义的发展是怎样的？它能成功吗？一旦成功，对我们意味着什么？对日本意味着什么？这种巨大的变化对世界五分之一的人口会产生什么影响？

正是因为有着这一系列"未获解答"而迫切需要解答的问题，斯诺"怀着冒险的心情"出发了。最终，他写出了《西行漫记》（又名《红星照耀中国》）一书，影响巨大。

提出采访对象想说的问题

采访得深不深、透不透往往与采访对象想不想说有关。他想说，就会很好地配合采访，把该谈的问题谈仔细；他不想说，就可能敷衍几句就走过场了。

如何提出采访对象想说的问题？在采访前做好功课是必要环节。即对采访对象的情况有一个大致的了解，对他目前的追求与困惑有所认识，便可有针对性地提出问题。

全国政协原副主席钱正英在接受记者采访时曾说："我最近收到了几个采访邀请，其他的我都回绝了。我以前和记者讲过，你的问题要是逗得起我的兴趣，我就愿意讲；逗不起我的兴趣，我就不想讲。你事先交给我的采访提纲，里面的问题是逗得起我兴趣的问题。"这正是许多采访对象的共同心理状态。

因此，在采访前，记者必须认真研究采访对象的生平、著作、涉及领域、爱好等，设计好采访提纲，绝不能仓促上阵、浅尝辄止。

提出有深度的问题

采访的提问有深度与浅度之分。浅度的提问是礼节性的、简历式的、寒暄式的，只是概括性地叙述；而深度的提问往往是尖锐的、透彻的，有时甚至是追问。有一些采访对象喜欢记者提出有难度的问题，因为这些问题具有挑战性，回答起来更能充分发挥。

2012 年 2 月 13 日，《人民日报》发表了通讯《三问焦三牛》。这篇通讯说的是一位清华大学毕业生焦三牛做出的人生选择——主动到甘肃去工作的故事。在这篇通讯中提出了 3 个问题：

一问：清华毕业生为何主动去西部工作？

二问：到基层去是为"镀金"？

三问：考上副县级干部有特殊原因？

问题提得很具体，又有深意。记者通过调查采访，澄清了社会上的不实传闻与质疑，还原了事实真相，写出了"网络名人"焦三牛的精神面貌和实际行动，树立了"到西部去，到基层去，到祖国最需要的地方去"的大学毕业生形象。

总之，记者和通讯员进行采访的成败，在于能否进行高效的提问。

这种提问，是密切结合报道主题、能够引起采访对象谈话兴趣、能够引起读者关注、充满活力和思考力的提问。

当我们掌握了"提问"这个关键因素之后，就能在采访工作中无往而不胜。

附：读书笔记——读《恰同学少年：北京人艺口述历史2》中一文的体会

近日，读了《恰同学少年：北京人艺口述历史2》中的《演员要学无止境——刘骏（演员）口述》一文，感到访谈者问得恰当，被访者答得到位，从而使整篇访谈文章条理清晰、内容丰富、事迹感人。

读了此文，对"人物专访怎样提问"这个问题加深了认识。

采访演员刘骏的这篇文章共分5个部分：

一、从小坚定艺术梦想。

二、我是幸运的58班学员。

三、与舒绣文的师生情。

四、实践出真知，业精于勤，行成于思。

五、学习无止境。

采访者一共提出了30多个问题。被访者回答有短有长，内容很丰富。

现摘录文中的几个提问并加以评析。

（1）您从什么时候对艺术、对表演产生了兴趣？是否有受家庭的影响？

评析：俗话说，"三岁看大，七岁看老"。这句话指的是看一个人在小时候的行为表现，可以大致预测这个人的将来。在采访中，提问被访者幼时的状况，对其今后的人生描写是一个铺垫。

果然，演员刘骏的回答是："我妈妈说我三岁的时候她带我去看电影，电影院里一放音乐我就手舞足蹈地跟着唱。"这样的文章开头就显得很自然，也很生动。

（2）您是否还记得第一次登台的情景？

评析：在采访中必须注重采访对象人生的许多"第一次"，如第一次进工厂、第一次进大学校门、第一次做方案、第一次发表论文、第一次获奖等。这些"第一次"是人生成长路中的重要一步，叙述者难忘，读者看了以后也有新鲜感。因此，关于"第一次"的问题值得问、值得写。

采访作为演员的刘骏，"第一次登台"是必问、必写的内容，使读者对刘骏迈出的这一步有了具体了解。

（3）您能否讲一讲和人艺老一代艺术家一起排戏的感受？

评析：一个人的成长，离不开环境，离不开父母、老师和朋友。

刘骏在人艺时，有我国最优秀的导演焦菊隐、夏淳、梅阡、欧阳山尊等。讲大课的老师是陈顺、苏民等。演员有刁光覃、朱琳、蓝天野、童超、叶子、英若诚、朱旭等。给刘骏上小课的是著名演员舒绣文。讲述这些读者普遍感兴趣的人和事，可以使文章内容十分丰富。

（4）学员班上小课的时候，您的老师是舒绣文？舒绣文老师带您的过程中，哪些教学内容对您影响比较大？

评析："名师出高徒"，舒绣文作为出演《一江春水向东流》《野火春风》《李时珍》等电影的知名演员（2005年被评为"中国电影百位优秀演员"），是刘骏入学的主考官，初试、复试都是舒绣文录取的她。舒绣文是引导刘骏走进人艺这座艺术殿堂的最重要的导师。刘骏与舒老师一对一上小课，每周去舒绣文家一两次。采访者抓住了"名师""名人"这个话题，一连提了7个问题，而且用一整段文字来详写，是很得当的。

（5）学员班的教学对您的表现产生哪些影响？

评析：这个问题虽然比较平常，但留给采访对象以广阔的发挥余地，可以敞开地谈经历与体会。这样的问题在采访中是必须有的。

（6）您退休后都做些什么？还做跟戏剧相关的事情吗？

评析：采访结束前，可以跳出工作范围，谈些生活和业余爱好的事，能够丰富文章内容，从多角度反映采访对象的丰富人生，使文章增加趣味性，不失为采访的一个良方。

综上所述，我们在进行人物采访时，以下提问内容和方式可以借鉴：

——讲述童年经历。

——谈各种"第一次"。

——抓那些读者普遍感兴趣的人和事。

——提一两个给采访对象有充分发挥余地的问题。

——把握名师、名人效应。

——谈点家常话和业余爱好。

这样进行人物采访，写出来的文章必然是充实的、有细节的、生动的、读者爱看的。当然，这只是采访的一种方式，其他还有多种方式可以运用，应当在实践中不断创新。

第4问：新闻采访要抓哪几个关键点

新闻采访要抓哪几个关键点？笔者最近重读《西行漫记》，深有感触。

《西行漫记》一书出版已经80多年了，依旧受到读者的欢迎。有的媒体带领读者一起完成了《西行漫记》读书打卡活动，累计有2000位朋友报名参与。有人评论说："通过阅读《西行漫记》，真正读懂了红军生活，体会到了红军和老百姓的鱼水情！"

《西行漫记》又名《红星照耀中国》，是美国记者埃德加·斯诺1936年赴中国西北革命根据地（后来的陕甘宁边区）的新闻采访报道集，1937年在英国伦敦出版，1938年在上海出版中译本。

重读这本书，不仅加深了对革命领袖、红军战士、劳动群众的了解，而且加深了对新闻采访工作的体会。笔者认为，凡是想在新闻业务方面有所作为的新闻工作者，都应当好好读一下这本书。

这本书告诉我们在进行新闻采访时，必须牢牢抓住以下4个关键点。

一、新闻采访必须坚定决心，敢为人先，勇于实践。

二、新闻采访必须提出问题，发现问题，探求真相。

三、新闻采访必须深入下去，既访高层，又访基层。

四、新闻采访必须本领过硬，笔力强劲，图文并茂。

坚定决心，敢为人先，勇于实践

斯诺当年去陕甘宁边区采访是冒着极大风险的。他是第一个赴红色根据地进行采访的西方新闻记者，有着"第一个吃螃蟹"的勇气。

当他到达西安时，时局极度紧张，到处是特务。他带着一封介绍信、一个铺盖卷、一点吃的、两架照相机、24个胶卷，冒着炮火，冲破层层封锁，长途跋涉，终于到达了苏区。

为什么要进行这次采访？斯诺说："在这些年的国共内战中，已经有千千万万的人牺牲了生命。为了探明事情的真相，难道不值得拿一个外国人的脑袋去冒一下险吗？我发现我同这个脑袋正好有些联系，但是我的结论是，这个代价不算太高。"

可见，他为了进行这一次采访，是怀着坚定的决心、不怕牺牲的精神前行的。正是有了这种精神，他最终获得了成功。

提出问题，发现问题，探求真相

新闻采访必须带着问题下去。有了问题，就有了采访的目标与题材，就能写出优秀的报道。

斯诺在赴苏区前，准备了几十个问题：

> 成千上万的农民、工人、学生、士兵参加了红军，同南京政府的军事独裁进行武装斗争。这是为什么？有什么不可动摇的力量推动他们豁出性命去拥护这种政见呢？国民党和共产党的基本争论究竟是什么？
>
> 中国共产党人究竟是什么样的人？
>
> 他们的领导人是谁？他们是不是对于一种理想、一种意识形态、

一种学说抱着热烈信仰的受过教育的人？

中国的苏维埃是怎样的？农民支持它吗？

共产党怎样穿衣？怎样吃饭？怎样娱乐？怎样恋爱？怎样工作？

在《西行漫记》第一篇第一节中，作者以"一些未获解答的问题"为标题，用了5000多字提出几十个问题。为了探求这些问题的最新的、真实的答案，他走进了红色根据地。

在采访的过程中，斯诺又不断发现问题、提出问题，了解到了根据地的许多新闻线索，写出了优秀的报道。

深入下去，既访高层，又访基层

在新闻采访中，既要眼睛向上，又要眼睛向下，既采访领导，又采访群众，这样的采访就更加全面、深刻。

斯诺在这次4个多月的采访中，既采访了中国共产党的许多高层领导人，还采访了一批红军士兵和农民。

书中关于对毛泽东的采访占据了重要篇幅。斯诺与毛泽东谈了许多夜晚，谈到了各种广泛的问题，笔记本上记录了约2万字。书中有许多毛泽东生平的细节，是首次披露，引起了轰动效应。书中还写了对周恩来、贺龙、彭德怀等人的采访，内容也十分生动。

在采访高层的同时，斯诺还十分重视深入基层，深入一线，参与生活，实地采访。以下的几个小故事可作为佐证：

——斯诺喜欢与当地农民交谈，夜里借宿农家茅屋，睡在土炕上，吃农家饭。虽然农民很贫穷，但心地善良、殷勤好客，有的拒收这个"外国人"的伙食费。有一位小脚老太太，自己家有五六个孩子吃饭，却坚持要杀一只鸡招待他。

——斯诺在苏区津津有味地观看了人民抗日剧社的演出，并且在观众的鼓舞下，上台唱了一首歌曲《荡秋千的人》。第二天，他采访了人民抗日剧社的社长。

——他在采访中了解到红军战士喜欢打乒乓球。在红军的列宁室内都有一张大桌子，吃饭时是饭桌，饭后成了乒乓球桌。斯诺也上去打了几下，但简直不是红军战士的对手。

——他在采访中参加了红军的政治课学习，在学习中，他向红军战士发问："红军在哪个方面比中国其他军队好？"结果有十二个人站起来回答。有的说："红军是革命的军队。"有的说："红军是抗日的。"有的说："红军帮助农民。"有的说："群众恨白军；他们爱红军。"

从以上这些采访中的故事可以看出，斯诺的采访是多么接地气、多么深入细致。

本领过硬，笔力强劲，图文并茂

《西行漫记》一书的故事性很强，一个又一个故事让人愿意看下去。这与斯诺有着强劲的笔力是分不开的。

斯诺1905年出生在一个贫苦家庭，年轻时当过农民、铁路工人和印刷学徒，大学毕业后从事新闻工作。1928年到达上海，担任一些报纸的编辑与特约通讯员。之后，又在北平燕京大学任新闻系教授。他努力学习中文，并达到能翻译中文短篇小说的水平，把鲁迅的著作介绍到西方世界。

斯诺的中文水平和写作水平在采访陕甘宁边区时派上了用场。他写的故事鲜活、生动、有趣，十分吸引读者。斯诺在总结此书时谦逊地说："从字面上讲起来，这一本书是我写的，这是真的。可是从最实际主义的意义来讲，这些故事却是中国革命青年们所创造，所写下的。这些革命青年们使本书所描写的故事活着。"

这本书的另一特点是在书的目录前有32页照片，共60多张。这些珍贵的照片中，有毛泽东、朱德、周恩来、博古、任弼时、徐特立、谢觉哉、彭德怀、贺龙、徐向前、陈赓、贺子珍、康克清、邓颖超等人的形象，还有文艺演出、农民游击队、儿童读书、军训、护士、骑兵、运动的照片，全景反映了根据地军民的生活。

斯诺进入苏区时带的两架照相机和24个胶卷发挥了作用。他当时所拍摄的照片集思想性、真实性、艺术性于一体，在当时是轰动世界的新闻图片，如今已成为珍贵的历史影像资料。

这是一位多面手记者的杰作，值得我们好好学习。

第5问：怎样搜集素材

素材对于写作来说太重要了。

新闻界有一种理论叫作"筵席论"，说的是媒体版面好比一桌丰盛的筵席，既有鸡鸭鱼肉、山珍海味，又有蔬菜水果、酒水调料，十分丰富可口。然而，这一切都是由食材加工而来的，没有采购来的食材，就不会有筵席。

常言道："巧妇难为无米之炊。"如果没有素材，用什么"下锅"？写作也是如此，先得有素材，才能开始动笔，写文章才能做到"言之有物"。

采访是素材的重要来源

什么是素材？素材就是写作前未经加工的原始材料。这些材料是文章的血肉，是文章的具体内容，是文章表达主题的依据。因此，必须在写作前认真收集素材。

那么，写文章的素材是从什么地方来的呢？

有人首先会想到采访。从采访对象处获得材料，这无疑是一个重要的、正确的方法，必须坚持。

采访主要的方式是提问，提出读者想看、采访对象想说的问题。在把握新闻核心内容的基础上，通过一问一答，把素材抓到手。采访要明确目的、围绕中心、善于引导，提问与记录相结合。

在笔者当记者的年代，用的是钢笔在笔记本上记录素材，同时用小型录音机录下素材，回来后加以整理。现在是用电脑敲键盘、录音录像等方式取得素材。以笔者的体会，用手写记录与录音相结合的方式比较好，可以在大量素材中较快地找到重点。

除此之外，还有没有别的方法呢？有的。以下几种方法也可以获得有用的素材。

从观察中获得素材

什么是观察法？鲁迅说过："如要创作，第一须观察。"观察实际上是采访的一部分，在这里我们把它单独列出来讲一下。

唐朝诗人李绅通过细心观察农民冒酷暑、顶烈日地辛苦劳作，写出了《悯农二首》这样的名诗。

作家夏衍在写《包身工》一文时认为，"真要了解包身工的生活，单凭搜集材料是不行的，非得实地观察不可"。他找到一位在日本纱厂当职员的同学，到包身工工作的车间去观察了好几次，看到了包身工身处的工作环境。他还跑到包身工的住宿处，看到了"鸽子笼一般"的住屋，观察包身工的吃住，看到他们苦难的生活。正是有了细致的观察，积累了大量素材，夏衍真实地写出了20世纪30年代上海纺织厂里包身工的生活。

观察可以在不公开身份时进行，也可以在公开身份后进行。观察要细心，不能走马观花。要一边观察一边思考，对观察中有疑问之处马上去问，便可获得新的素材。

通过调查研究获得素材

采访的过程就是一次调查研究的过程。记者和通讯员的亲眼所见、亲耳所闻、亲身经历，是新闻素材最主要的来源。

新闻的主要特性有两个：一是要新，二是要真。只有肯吃苦、沉下去，才能采访到新鲜的、生动的事例，才能准确把握事实真相。

记者的采访、调研工作必须坚持不敷衍、不将就的原则，不是听听介绍、抄抄文件就能完成调研任务的。许多优秀的新闻工作者在总结经验时常说："不入虎穴，焉得虎子。"指的是只有深入下去才能发现新情况、新问题、新人物、新事物，发现正在起变化的事物的苗头，这才是新闻。

通过会议获得素材

有人认为会议新闻既简单又枯燥，写会议新闻不需要动什么脑筋，写出出席人名单、会议议程，摘要领导讲话就大功告成了。这种看法是十分片面的。会议实际上是上级精神最集中体现的地方，在那里人员多、议论多、信息多，信息量大，是可以捕捉到不少好新闻的。

会议的发言，凡是精彩的、有掌声的地方，都是比较重要的地方，应当好好读上几遍。会议文件上有许多代表的发言内容，以及会议简报部分内容都可以写成新闻，关键在于能否识别并精选。

有一位长期从事会议新闻采访的记者，他不仅从会议的报告、文件中获取素材，而且利用会前、会中、会后时间与参会人员交流，从中获取许多有用的"米"，写出了许多会议独家新闻。

阅读可以积累素材

阅读是积累素材的重要方法。

一是通过平时大量地阅读、做笔记，可以使各种素材在笔记本上和脑子里留下印记。在写文章时，这些素材会"蹦"出来，一联想，就用上了。

二是可以专门为攻克一篇文章有针对性地进行阅读。比如，要写一篇专题新闻或毕业论文，就要专门阅读相关书籍和资料，收集有用的素材。

马克思为了写《资本论》，坚持每天上午9点去伦敦大英博物馆阅览室，一看书就是一整天。由于精力集中，有时情不自禁地在座位上用脚来回磨地，长年下来，竟把水泥地面磨去了一层，被人们称为"马克思的足迹"。他摘写了24本经济学笔记，摘录了约70位经济学家的著作。有人统计，写《资本论》的参考书约1000多本，这还不包括其他论文资料。

查询使素材获得更快捷

查询对于素材的积累与鉴别有着重要的作用。想成为写手高手，必须学会熟练、快捷的查询技能。尤其是在写文章时用到的一些典故、成语、地名、难认的字，还是要认真查询一下为好。比如，"晋州市"这个地名，常被认为属于山西省，而实际上它是河北省辖、石家庄市代管的县级市。又如，一看到"满洲里"这个地名，不少人以为它在东三省，实际上它在内蒙古自治区。

过去常用的查询工具为《辞海》、词典、字典等，现在常用的是网上的"百度"等搜索工具。通过查询获得的素材也必须确保其真实性，方可使用。

笔者常用的查询方法是纸质性的与电子性的相结合。电子性的可以通过"百度"等搜索工具进行。纸质性的是手头备有《辞海》《现代汉语词典》《诗韵新编》《成语大词典》《世界地图册》等工具书。因为笔者是学新闻的，新闻学词典备了两本，一本是《新闻学小辞典》，另一本是《新闻学简明词典》。这两本词典出版年份不同，故内容有差异。在查询中，必要时可以跑到图书馆找相关书籍查资料。

收集素材好比在建楼房前准备水泥砖瓦，也好比在做大餐前准备荤素食材，虽然说多多益善，但也要挑选优品，及时整理。素材积累好了，写作的欲望自然就会上来了。

这时，你只要确定主题，设立结构，开始动笔，就一定能写出一篇有血有肉的好文章。

附：采访心得笔记——怎样找"米"？

俗话说："巧妇难为无米之炊。"做饭是这样，写新闻稿也是这样。这个"米"就是新闻的题目、新闻的素材。有了题目，有了素材，写起来就顺手了。没有题目与素材，只能是无米之炊，写不成文章。

"米"从何来？一种方法是等"米"，另一种方法是找"米"。

有的记者和通讯员总希望领导出"米"，即出点子、出题目、给材料，自己拼拼凑凑就能写出一篇稿件，完成任务，岂不上上大吉？然而，等来的这些"米"常常是陈米，甚至是霉米，不可口。

有抱负的记者和通讯员并不是这样，他们既重视领导的提示，更注重发挥自己的主观能动性，主动去找"米"，找那些优质"米"、新"米"，用此来下锅，写出优质的文章。

"等米下锅"和"找米下锅"虽仅一字之差，却反映了两种不同的工作态度与作风。

那么，怎样去找"米"呢？

一是通过调查研究获得"米"。

采访的过程就是一次调查研究的过程。记者和通讯员的亲眼所见、亲耳所闻、亲身经历，是新闻素材最主要的来源。

新闻的主要特性有两个：一是要新，二是要真。只有肯吃苦、沉下去，才能采访到新鲜的、生动的事例，才能准确把握事实真相。

记者的采访、调研工作必须坚持不敷衍、不将就的原则，不是听听介绍、抄抄文件就能完成写稿任务的。许多优秀的新闻工作者在总结经验时常说："不入虎穴，焉得虎子。"指的是只有深入下去才能发现新情况、新问题、新人物、新事物，发现正在起变化的事物的苗头，这才是新闻。

二是在各种会议中也是有"米"可找的。

有人认为会议新闻既简单又枯燥，写会议新闻不需要动什么脑筋，写出出席人名单、会议议程，摘要领导讲话就大功告成了。这种看法是十分片面的。会议实际上是上级精神最集中体现的地方，在那里人员多、议论多、信息多，信息量大，是可以捕捉到不少好新闻的。

会议的发言，凡是精彩的、有掌声的地方，都是比较重要的地方，应当好好读上几遍。会议文件上有许多代表的发言内容，以及会议简报部分内容都可以写成新闻，关键在于能否识别并精选。

有一位长期从事会议新闻采访的记者，他不仅从会议的报告、文件中获取素材，而且利用会前、会中、会后时间与参会人员交流，从中获取许多有用的"米"，写出了许多会议独家新闻。

三是从互联网上也可以找到"米"。

现在信息传递这么便捷，互联网上的海量信息每时都在更新，存储量也很大。想对一些新闻事件进行剖析，运用一些新闻的背景材料，以及一些专家、学者观点的陈述，对不同观点的争议，这在网上都是比较容易找到的，可以按图索骥，选择重点去查阅，有条件的可跟踪采访，找到"米"，为我所用。

在利用互联网时，要有辨析能力，要剥离那些谣言和传言，不能以讹传讹，切莫上当受骗。

四是在与各类人物的交流聊天中找"米"。

在采访与日常生活的聊天中也会找到一些好"米"。在采访中有时会出现卡壳和尴尬的场面，这时就可以用聊家常的方式来化解，以引导采访顺利完成。

人民日报社记者在采访前副总理时聊音乐，在采访外交部前部长时聊诗歌，在采访老将军时聊打桥牌，把这些"米"写入稿件中，获得了生动具体、贴近生活的效果。

有的记者善于与不同的人群聊天，从党政干部到出租车司机，从医生教师到卖菜小贩，从青少年到退休职工，有时会聊出许多有用的信息，并以此写出文章。

五是从突发事件中找到宝贵的"米"。

能够参与突发事件的采访，是记者和通讯员不可多得的机遇，也是对其思想水平、业务能力的一次重大考验。这时应当挺身而出，不惧危险，在做好安全防范的前提下，冲到第一线，到离新闻发生最近的地方去捕捉新闻。

在突发事件中找新闻，关键是要找到突发事件的当事人，了解事件的起因、经过、现状，迅速写出报道。在采访过程中，不应影响救援人员的工作，而应尽力为救援创造有利条件。

第6问：采访如何"心入"

新闻采访要走基层、转作风、改文风、接地气、有创意。

记者的"身入"是第一步，这是外表的、形式上的做法；而"心入"才是关键的一步，这是内在的、本质上的进步。只有在"身入"的同时做到"心入"，才能有强烈的感受与创作欲望，才能写出好新闻。

运用之妙，存乎一心

中国古代的《诗经》中说："在心为志，发言为诗。"唐代的柳宗元说："吾每为文章，未尝敢以轻心掉之。"托尔斯泰说："一切作品要写得好，它应当是从作者的心灵里歌唱出来的。"这些都是指写作只有"心入"，才能更深刻地反映社会与人生，作品才更有感染力和说服力。

"心"，从生理上指的是心脏这一器官，但延伸的意义指的是脑子、思想、情感、意念。"运用之妙，存乎一心"这句话的意思是，方法用得巧妙，就要用脑子思考。

这个"心"，还包括责任心、同情心、爱心。如果记者的采访写作不够好，主要原因是"心"没有静下来、沉下去，扎得不够深，还没有与群众同呼吸、共命运。用"心"写作，是关系到新闻敏感和职业操守的重要环节，是出新意、出佳作的必由之路。

深入一线，了解真情

记者下去采访，就要真正到一线，蹲下去，踩到底。有的人虽然下去了，但只是到基层的办公室看一看、转一转、聊一聊，拿点简报和文字材料就回去写报道了。这样做，虽然比只在上层要好一些，但没有真正走到底。有的人到了基层只是装装样子，讲几句套话，走个形式。

而另一些记者不是这样的。他们不但"身入"，而且"心入"，一门心思蹲下去，专心致志搞采访，通过多看、多听、多问、多思，听到群众的许多真话、贴心话，了解到基层的实情。在"沉下去"的同时，又能"跳出来"思考，终于抓到了"活鱼"。

由此可见，走马观花、蜻蜓点水式的"身入"与饱含感情和责任的"心入"差别甚大。身入其境而心不在焉的采访，其作品一般是"大路货"、普品；身心俱入的采访，既能追"新"，又能追"深"，才能写出有深刻含义的力作、精品。

三篇佳作，心血凝成

1966 年 2 月 7 日，《人民日报》发表的著名通讯《县委书记的榜样——焦裕禄》写的是一名县级干部焦裕禄的感人事迹。此前，新华社记者去采访时，焦裕禄已经去世，当地媒体也曾报道过他的事迹。从"新"的角度来看，这似乎不是什么新闻。

然而，新华社的穆青、冯健、周原等记者沉下去后，用"心"思考，从深处挖掘。为什么有这么多干部群众怀念焦裕禄？他是怎样全心全意为人民服务的？他是怎样带领干群治涝、治沙、治碱的？广大读者正想知道这些深层次的问题。于是，这几位记者深入兰考县几个月，付出心血，数易其稿，终于完成了这篇通讯，影响了几代人。

1997年8月7日，《人民日报》发表了一篇记者冉永平写的通讯《马班日记》。当时的人民日报社总编辑读了这篇报道后评价道："今天的《马班日记》是一篇记者深入实际、深入基层后写出的精彩报道。采访环境之艰苦，记者工作之困难，是罕见的。冉永平同志能够克服这样的困难，随马班去采访，这样的行动本身可以说是一个壮举。报道写得有声有色，十分感人。可见有一分深入，就有一分收获。希望大家都能认真一读，肯定能有所启发。"

2013年7月23日，《人民日报》发表了一篇记者赵鹏写的通讯《驻村三日》。记者下到福建的一个村，听农民吐心声，与干部聊出路，和返乡创业大学生探讨未来。在发表的文章中，记者写出了农民的呼声："最愁的是人走光、村很穷、钱难挣。"写出了村干部的忧虑："事太多，钱太少。""村干部老化……但没人愿干，只好硬撑着。"正因为提出了这些真实的问题，为今后农村的扶贫工作与"造血"机制提供了依据。

贴近民心，报道出彩

由此可见，采访中不仅"身入"而且"心入"之后，就能更加深入地接触并了解到新闻事件发生的环境、原因、走向；就能亲身体验到新闻人物的生活经历和思想情感；就能受到采访对象的尊重与信任，让他们讲出掏心窝的话；就能获得许多生动、深刻的报道素材。这样就避免了把道听途说、捕风捉影的事情写进报道，维护了报道的真实性。同时，可以发现许多新闻事件的生动细节，为报道的出彩奠定基础。

深入基层、贴近群众、体验生活，在深入中了解社情民意，增进与群众的感情，把"心"贴近群众，这是一名记者应具备的职业道德准则。只有这样，才能写出人民群众喜闻乐见的优秀作品。

附：读报笔记——体验式采访

《人民日报》于1997年12月8日发表了一篇通讯《押猪四日》，是一位女记者写的，文章中写了她参与押运供港澳地区的活猪四天的经历与感想。文章的小标题是：上路、过"关"、找乐、感悟。可以想象，在铁路上押运活猪，有多脏多累。这是一篇典型的体验式采访报道。

什么是体验式采访？体验式采访指的是记者深入第一线，与报道的对象一起工作、一起生活一段时间，在同吃、同住、同劳动中有了深切感受，并进行采访。

体验式采访的特点：

体验式采访不同于参观式采访。参观式采访是以观察为主，有时会走马观花，不够深入。

体验式采访不同于提问式采访。提问式采访是"我问你答""一问一答"，回去后整理成文稿发表，对稿件中的某些内容没有具体的感受。

体验式采访也不同于会议采访。会议采访中，虽然记者参加会议了，有的甚至一跟好几天，然而采访的过程主要是看材料、找代表、提问题，线索有限，细节不多。

体验式采访是真正下去了，把"你做我写""我看我写"变成了"我做我写"，把"看到、听到"变成了"经历、感受"。这一作风的转变，必然带来文风的转变，就能写出"沾泥土""带露珠""冒热气"的报道。

《人民日报》（海外版）开辟过一个"微观中国"专版，要求记者通过体验式采访组织出一整版图文并茂的报道。结果，几位记者分别写出了"我在井下当矿工""我在南航当空姐""我在剧组当演员""我陪农民工回家过年"等报道，有的还写了在私企当"老板"的故事。这些体验式的文字，受到了海内外读者的欢迎。

体验式采访的好处：体验式采访的第一个好处是记者的思想得到了净化。作为一名记者，必须亲历过几次体验式采访，思想认识水平才能真正有所提高。战争时期的战地记者都是与士兵在同一个战壕里的。一些跑农村农业口的老记者，住在农村是常事，对农村很熟悉。有的记者为了采访好城市生活，有的当上了搬运工，有的当上了售货员，甚至有人当上了淘粪工人。在贴近群众、贴近实际、贴近生活的过程中，增强了新闻工作的责任性和使命感，对以后的工作有巨大支持作用。

《人民日报》曾开辟了一个《体验三百六十行》专栏，采访对象有长江航道工、铁路和机场安检员、驯犬员、"马班邮路"投递员、伐木工人、消防员等，把记者的所见、所闻、所感生动地加以报道。记者在采访的同时，交出了一份份体验人生的答卷。

体验式采访的第二个好处是采访能力有明显提高。因为体验式采访走得多、看得多、听得多、感受得多，与人打交道也多，在举手投足、嘘寒问暖之时发现新闻、抓住新闻。凡是经历过体验式采访的记者，眼光比较独特，嗅觉比较灵敏，听觉比较发达，记忆力比较强。这一切都使采访水平得以提高，以后在采访中不会闷场，更不会不欢而散，总是满载而归。

体验式采访比普通的采访是要苦些、累些、难些，但是为了能写出好稿子，这些困难算不了什么。因此，所有记者尤其是年轻记者，应当争取多参加体验式采访。

体验式采访的第三个好处是文章生动、好看，受到读者欢迎。《大河文化报》曾推出过一个《记者打工》专栏，专门刊登记者到各基层单位"打工"的报道，写出来的文章都是切身感受，很亲切，很接地气。有一位女记者去了婚姻介绍所、医院妇产科、福利院、精神病院、殡仪馆打工，体会到了悲欢离合、生老病死，其作品获得了河南好新闻奖。

河南的一位记者为了采访好城市下水道工的事迹，钻进下水道，在又黑又脏的环境中与采访对象一起劳动，最后写出了通讯《为百姓再苦再累也心甘》，发表在《河南日报》头版头条位置，读者争相阅读，当地报纸一售而空。

如何进行体验式采访？第一，要明确采访的目的，不是为体验而体验，而是为了抓典型，弘扬正气，写出精品，为大局服务，为践行社会主义核心价值观服务。

第二，要选好体验式采访的那个"点"。虽然说"三百六十行，行行出状元"，但是要选的是出"状元"的那个点，选不到状元，选个榜眼、探花也行，而不是眉毛胡子一把抓。典型要突出，要有代表意义，事迹要感人。

第三，体验式采访要注意安全。记者毕竟与熟悉业务的师傅们不同，是生手，在体验时必须把安全放在首位。有些高危场合不适合体验就不要勉强参与了。

第四，要守法，不违背伦理道德。有些记者用"卧底"的方式采访，如打入贩毒集团内部，但绝不能参与吸毒、贩毒行为。有的小报记者热衷于"体验"洗头房、足浴店的"采访"，其实这是他给自己安排的"任务"。

媒体在开展这项工作时，应事前做好调研，进行新闻策划，针对不同的体验行业，选择最适合体验的记者参与，才能奏效。

第7问：怎样从工作简报中找到新闻线索

工作简报是各企事业单位和机关团体常用的一种内部刊物，主要用于反映本单位近期的工作进展、经验介绍、存在问题等，在单位内部起到通报、交流、启发的作用。

工作简报实际上就是单位内部的新闻稿，它刊登的内容是单位的新情况、新经验、新问题，迅速且及时。从文字上看，简报通俗易懂、短小精悍，多为"一事一说"，不会长篇大论。

把简报中的新闻"拎"出来

在写新闻稿时，先阅读一下工作简报很有必要，可以从中找到有用的新闻线索。

怎样从单位的工作简报中找到符合媒体需要的新闻线索？只要开动脑筋，运用综合分析能力，就能把简报中的新闻"拎"出来。

那么，要"拎"哪些新闻呢？

一是这些新闻不但对本单位有指导、启发作用，而且对别的单位也有指导、启发作用。

二是这些新闻与社会的热点、疑点、难点挂上了钩。

三是这些新闻是还没有报道过的，具有独家新闻的性质。

抓住了这3条，找到新闻线索便可以从难变易。

有一位铁路部门的通讯员在阅读工作简报时，看到这样一条信息：过去企业为维护正常生产，往往购买大量物资作为库存，占用了大量资金，造成企业资金紧缺。这位通讯员敏锐地感觉到，这个问题在全国铁路部门乃至全国企业都有普遍性。于是，他根据这一线索采访了怀化铁路总公司，了解到该公司为了减少企业资金占用，实现了物资"零储备"，由生产厂家和销售商代替企业储备物资，并根据企业需要及时配送，用多少付多少钱，使企业物资账本上的库存基本为零。

深入采访后，他写成了《怀铁总公司实现物资"零储备"》一文，发表后获得了中国铁路好新闻奖。《人民日报》在发表时还专门加了编后《企业不妨这样做》。

这位通讯员在谈体会时说："各种文字材料，包括工作总结、表彰决定、经验材料、内部简报、情况通报等，翻阅这些材料，应当要有职业眼光，善于从中发现新闻线索，然后再行采访。"他把这种获得新闻线索的方法称为"阅读法"。

从多份简报中"淘"新闻

在从工作简报中寻找新闻线索的过程中，有时光看一份简报是不够的。为了查到事情的来龙去脉，有时往往要查阅大量资料，付出艰苦的劳动，像淘金那样把新闻"淘"出来。

有一位部队的通讯员，一次在部队上报的经验材料中了解到有的部队正在探索一个新问题：如何做好远离军队医疗机构的人员的门诊急诊社会化保障工作。他认为这是一个在部队中具有新闻价值的事。

为了把这个报道写深、写活，他查找了一年来军地为推行后勤保障社会化改革工作下发的近百份文件资料，在此基础上深入采访，写出了《偏远部队看病不用发愁了》一稿，在《解放军报》"军事后勤装备"专版头条加编后刊发，《人民日报》也刊发了此稿，获得好评。

把全角度改为小角度

工作简报或经验总结的写作角度往往是全角度的，比较综合概括。而在将其中的新闻线索采写成为新闻稿时，可以考虑转换一个角度，改为聚焦式的小角度。

有一位大学的学生通讯员从材料和媒体报道中了解到，许多学校、班级的学生都在围绕爱情这一主题开班会、搞辩论赛等。他想，如果自己也这样写，肯定是步人后尘，没有什么新意。于是，他转换角度，从老师的角度去写，写出了《江西理工大学设"情感导师"帮助学生树立正确爱情观》一文。

此文由于角度新颖，有社会意义，被新华社入选通稿，《人民日报》《中国青年报》等20多家报社、500多家网站做了转载，社会影响良好。

通过采访把线索变成新闻

工作简报中的内容对采访能起到引导作用。但是，从工作简报中发现的新闻线索只是一个信号、一个征兆、一个新闻由头，它的内容是比较简单的、带有片段性的。要使线索变成完整的新闻，还要定位好采访的方向，进行深入采访，才能使线索从简略变成丰满，从信号变成报道。有时，发现的新闻线索不止一条，这时就应当多中选好、好中选优，把最精彩的那一条追到底、写出来。

发现新闻线索的方法很多，除了从工作简报中寻找外，还有通过记者的观察与社会活动获得，通过知识与人脉积累获得，从各种会议获得，从受众反馈获得，从其他媒体获得，等等。总之，处处留心皆学问。

始终把"有没有新闻价值""有没有故事""有没有读者""有没有意义"等问题放在脑子里，就一定能找到新闻线索，写出好新闻。

第8问：什么叫"三罕"新闻

写新闻要注意真实性、时效性，这已是老生常谈了。今天讲点新的，讲讲写新闻必须在"罕"字上下功夫，提倡"三罕"新闻。

什么是新闻的"罕"？怎样才能抓住"罕"？

"罕"，就是稀罕、罕有、罕见。"人迹罕至""罕言寡语"中的"罕"都是指稀少的意思。还有一个成语叫"湮没罕闻"，与新闻有点沾边了，说的是这件事或这个人的情况被埋没，没人知道。

一个"罕"字，概括了读者对新闻报道的要求。读者总是想从媒体上获得新的、快的、奇的、趣的、有知识的信息。

"新闻是常事不说，异事说"，这是一个规律，说明受众都有较强的求异心理、好奇心理、求知心理等。为了抓住这个"罕"，可以从以下3个方面入手。

一罕：采访地点的"罕"

现在做直播的人喜欢到"网红"打卡地凑热闹，这不是采访，是在蹭流量。有抱负、有经验的记者则喜欢到人迹罕至的地方去采访，去获取宝贵一手材料。

记者工作如同地质队员找矿。地质队员找的是物质上的矿，记者找的是思想上、精神上的矿。只有深入下去，才能找到富矿。

范长江 1935 年的西北之行，历时 10 个月，走了许多普通记者罕至的地方，写成了《中国的西北角》，广受欢迎。民国时期著名记者邵飘萍大胆赴北洋政府国务院采访段祺瑞，获得宝贵一手资料。著名记者徐铸成在年轻时深入河北定县，写出了《定县平教会参观记》，受到社会各界重视。著名记者穆青每到一地，先听一听，还必须深入看一看，再高的山他也爬，再险的路他也走……

这些例子说明，只有到一般记者罕至的地方才能采访到好新闻。俗话说："不入虎穴，焉得虎子。"不经历艰辛的采访，就不能获得成功的新闻。

二罕：报道内容的"罕"

新闻中的"新"，不但是时间新，而且包含着新技术、新经验、新知识。在新闻写作中，向读者介绍罕知的信息十分重要。

当年范长江写西北通讯时，以纪实的方式谈古论今，报道中不仅透露了重大政治消息，而且有大量的历史、地理、人文与自然知识。

赵超构在办报时，提倡"健康的趣味性"，认为新闻报道在宣传方针、政策的同时，要为读者提供知识。他为《新民晚报》制定了"宣传政策、传播知识、移风易俗、丰富生活"的办报方针，并且身体力行。

在写文章时，要考虑到事情的许多因果与关联，这就形成了背景材料。文章的背景包括历史背景、地理背景、人物背景、事物背景等。有经验的记者会巧妙地发掘、选用其中与事实密切相关的背景，在作品中进行说明，让作品显得更加独特、浑厚、新颖。

邓拓的《燕山夜话》之所以受到欢迎，除了思想性之外，介绍各种罕有的知识是其一大特点。从书中的篇名来看，《宇宙航行的最古传说》《谁最早发现美洲》《你知道"弹棋"吗？》《甘薯的来历》《中国古代的妇女节》等，都充满了知识性、趣味性。

为此，记者只有努力学习各方面的知识，才能在写作时得心应手。

三罕：报道角度的"罕"

新闻角度是记者对新闻事实的观察点和切入点。选择新闻报道的独特角度是写好文章的有效方法之一。

怎样才能选到一个独特的、罕有的报道角度呢？这个角度要小、要巧、要异。

人民日报社记者王慧敏写过一篇通讯《阿布力孜家的"月亮泉"——一个维吾尔族家庭与一个汉族弃婴的感人故事》（发表于《人民日报》2006年5月26日）。这篇通讯是写民族团结的，切入点是一个维吾尔族家庭中，一位叫阿布力孜的老人收养了一个有先天疾病的女婴，为她治病。他为这个女儿取了个美丽的维吾尔族名字——阿依布拉克，翻译成汉语为"月亮泉"，意味着圣洁、至高无上。这篇通讯写得十分感人，受到广泛好评，这与记者选取了一个极好的角度是分不开的。

人民日报社原副总编辑范荣康1983年下乡去湖南采访，他写农民生活的改善，选择的角度是"锅里有煮的，桶里有抓的，柜里有装的"；写先富帮后富，选择的角度是湖南浏阳著名养鸭专业户傅乐安，人称"鸭司令"，先后给42户人家传授养鸭经验，使其中33家致富；写联产承包责任制调动了生产积极性，选择的角度是"过去出工要打几遍钟，社员才三三两两出门，现在不用打钟，农民就下田了"。从正面、侧面、反面的角度，反映出改革开放后农村的变化。

写新闻在"三罕"上下功夫，就是要在求真求新的同时，突出新闻的奇特性，坚持写好独家新闻。

如果记者在采访、写作时都绷着一根"罕"字的弦，工作起来就一定会有创造性，就会涌现更多具有新意的佳作。

第9问：写通讯如何从观察入手

通讯有人物通讯、事件通讯、工作通讯、概貌通讯等。

通讯的写作，要求有叙述、有描写、有情节、有细节、有故事，内容比较详细深入。因此，认真观察、细心领会便成了写作入手的第一步。这样写，通讯才能写得具体、写得生动。

什么是观察？在常人看来，观察就是用眼睛看。但是，从新闻人的角度看，观察既有"观"的一面，又有"察"的一面。"观"就是看，"察"则要思。这就是说，观察是在采访中把"看到"与"感受到""体会到""联想到"相结合的过程与结果。

在观察之前，要初步设定一个目标，大致确定想看些什么，要有计划、有步骤，不能走马观花、随便逛逛。这样做，就可以减少观察的盲目性，提高观察的效率。当然，有时也会"突然发现"令自己"眼前一亮"的事物，有了心理准备，就能够瞬间抓住它。

观察的内容有哪些呢？一是观察人物，二是观察环境，三是观察细节，四是观察心理。

观察人物

观察人物指的是观察对方的容貌、谈吐、动作等，重点是抓住这个人的特征与个性，发现他与其他人的不同之处，抓住他强烈的个性和闪光点。

在一篇名为《使命——海军大连舰艇学院教授方永刚的生命之约》的通讯中，记者是这样观察并描述方永刚的：

> 渤海湾的晨曦映着一个攀登的身影。
>
> 2017年1月15日，海军大连舰艇学院教授方永刚来到政治系教学楼，讲授本学年的最后一课——"新世纪新阶段我军历史使命"。
>
> 学生们早早地等候在门口。迎着他们的目光，身患癌症的方永刚走上讲台，还是那么精神焕发，还是那么声如洪钟。
>
> "今天我给你们上课，感觉很幸福……"方永刚的最后一句话，淹没在一片掌声中。

在这段描写中，通讯的作者观察到的有方永刚教授的身影、精神、声音，以及学生的目光、掌声。这段描写，为讲述方永刚"永远保持一个理论工作者的冲锋姿态，让有限的生命为太阳底下最壮丽的事业而燃烧"的生命之约故事奠定了扎实的基础。

观察环境

环境描写是通讯中不可缺少的元素。人物通讯中有环境描写，事件通讯、工作通讯中也有环境描写，概貌通讯中环境描写最多。

有一篇写红学家周汝昌的通讯，记者观察到的环境是：

> 周汝昌先生的家简朴如其人，旧式的沙发、拥挤的书柜和铺着笔墨纸砚的桌子，与主人吻合得天衣无缝。

通讯的作者到周汝昌家看到的东西很多，但只选取了3件：沙发、书柜、桌子，以突出周汝昌先生的简朴与博学。

在事件通讯中，为了把事件写得更细致，也需要观察环境。在《沉重的代价换来什么——在山西文水制造销售假酒案发生地的思考》这篇通讯中，记者观察到假酒制造点的环境是这样的：

> 与周围的邻居比，这个院落显得简陋，低矮的土墙上，嵌着用粗细不等的木棍编成的栅栏门，这在如今北方农村已经很少见了。倒是院内的六七个大铁罐、十几口大缸和一大堆煤，显露出与假酒的种种关系。

用环境烘托气氛，使人如入其境。记者通过认真观察，写出了假酒制造点的具体画面。

观察细节

在观察中，大面上的事物要注意，细节处更要留心。这些细节，不是杂乱之事，而是细小而有代表性的事，是观一叶而知秋的事。有时候，一个好的细节描写能使读者眼前一亮，能使文章生辉。

在记叙地质学家李四光的通讯中，那句"他的每一步的跨度，总是0.85米"，体现了李四光从事地质工作严谨、科学的态度。

在记叙光学专家蒋筑英的通讯中，也有关于走路的细节描写——"上楼梯一步跨两级"，体现他大步流星走路，没日没夜地工作。

在记叙焦裕禄事迹的通讯中，则有"用一支钢笔硬顶着肝部""他办公坐的藤椅上，右边被顶出了一个大窟窿"的描写，是十分感人的。

正是这些细节描写，起到了以小见大、以一顶十、印象深刻、存留恒久的效果。

观察心理

俗话说："知人知面不知心。"要观察到采访对象的心理，是要下一番功夫的。优秀的通讯都有人物的心理描写。作者在写作时，通过抓住人物的喜怒哀乐表现，写出他的想法、感慨、情绪、矛盾心理、意识流动等特点。在写作中可以通过描写外貌神态、动作语言来实现，也可以通过对话的方式实现。

关于心理观察与描写的范文很多，中国古典四大名著里有，许多优秀作家的文章中有，在阅读时多加留意即可。鲁迅的多篇小说对心理描写就很到位，从而使阿Q、祥林嫂、孔乙己、华老栓、阿长、闰土等人物深入人心。

在一篇写日本投降仪式的通讯中，是这样通过观察动作、表情来反映日本代表心理的：

> 重光葵外相代表天皇裕仁首先为日方签字。他脱下大礼帽，拿好笔，然后在一份约12×18的投降文件上用力地签上他的名字。他先小心地签完美国文本，然后签日本保存的一个副本。接着他签字的是日本帝国大本营的梅津美治郎将军。他重重地坐下，草草地签上名字，好像急不可耐一样。这位将军签字的时候，在场的一位日军上校在擦眼泪。日本人都紧绷着脸，显得疲乏。梅津签字的时候，重光葵焦急地在旁边瞧着。

这一段描写，把当年趾高气扬、不可一世、凶狠残暴的日本侵略者在失败面前狼狈不堪、垂头丧气的心理展现得很充分。

记者采访的过程，就是不断认知对方个性特点的过程。记者要学一点采访心理学，对不同气质、不同性格、不同习惯的对象采用不同的采访方法，才能达到了解采访对象心理的目的，写出声情并茂的文章。

第10问：这次采访为何"要穿最破的衣服"

古人说："礼者，敬人也。"礼仪是一种待人接物的行为规范，是人们交往的艺术。在日常生活中要讲礼仪，在新闻采访中也要讲礼仪。

有一次，中国青年政治学院新闻中心学生记者团正准备外出采访，学生们的心情特别激动。在采访出发的前一天晚上，指导老师提醒大家，明天"要穿最破的衣服"。

第二天早上，学生们都穿上了自己平时不穿的洗干净的旧衣服来见老师，老师笑着说："还行！"于是，这群学生记者就出发了。

这是为什么呢？

记者服装有讲究

这次采访为何"要穿最破的衣服"？

原来，这是指导老师依据采访礼仪向学生们提出的要求。因为他们这次采访的对象不是机关干部，也不是运动员，而是"拾荒部落"。说得通俗一点，就是去采访那些"捡垃圾"和"收破烂"的人。学生记者团要面对面向他们了解情况，采写一篇关于再生资源回收状况的报道。

拾荒者是生活在社会底层的一群人，一般来说，穿着比较简单，甚至有点旧。如果去采访他们时，男士西装领带，皮鞋锃亮，女士浓妆艳抹，裙子超短，与拾荒者的形象反差太大了，容易引起反感，采访可能会失败。穿着与他们相似的服装去，在心理上接近一些，采访就会方便不少。

人的衣服除了御寒、装饰功能外，还有社会功能。为此，社会上有各种工作服：警察的、医生和护士的、环卫工人的、礼仪小姐的……此外，我们还可以看到，各级干部在人民大会堂开会时，是穿西装、打领带，而当他们下到基层去做调研时，常常穿的是夹克衫或衬衣，即使穿西装，也是不系领带的。这就是社会环境对服饰的一种要求。

采访时，要尊重你的采访对象，让采访对象感觉到舒服，感觉到被重视、被尊重，这样采访才会顺利进行。而记者的穿着打扮，往往会给人以深刻的第一印象。

有一次，外国某知名金融机构的总裁来华访问，接受了国内十几家财经媒体记者的专访。采访结束后，总裁对自己的公关人员抱怨，质疑邀请来的是不是专业的财经记者，或者有人对这次采访不够重视。原来，总裁看到前来采访的个别记者穿着非常随便，男记者穿着短裤、凉鞋，女记者则穿着低胸露背的夏装。这与总裁的西服革履和五星级酒店贵宾厅的场合都不相称。

站坐谈吐讲礼仪

采访礼仪是记者的必修课，它贯穿于采访前、采访中、采访后的全部过程。

采访前期的准备除服饰外，还要了解采访对象的基本情况，做些资料准备。要列出采访提纲，想好要提的问题。同时，准备好采访用具：挎包、笔、采访本、相机、录音笔等。

与采访对象见面时，无论是握手、作揖还是碰肘，都要彬彬有礼并致以问候。在采访中，记者的体姿很重要。俗话说："站有站相，坐有坐相。"一个人的坐姿和站姿，在一定程度上会反映出这个人的教养。在与人交谈时，把双手或一只手放在裤袋中的姿势，是摆架子和不严肃的表现。这样的姿态，会令采访对象感到不被尊重，拉大了彼此间的情感距离。

在坐着采访时，不能过于随便，"葛优躺"肯定是不行的，跷二郎腿或不停地抖腿也是不妥的。有一位很瘦的电视台女记者，坐着采访时不但跷二郎腿，还把腿做成麻花状，受到了观众的批评。

在提问时，宜用祈使句，比如，"请您谈一下这方面的情况好吗""您能不能告诉我您对此事的看法"等。不能用生硬、尖厉的语气，而应落落大方、不亢不卑、思路敏捷，既犀利又不失礼节。

采访能达到聊天、谈心、讲故事的境地，那是最佳的状态。当然，也不能漫无边际地聊，而应围绕主题、注意细节、力求深入。

摄影应当守规矩

摄影记者在采访时，同样要注意礼仪。虽然摄影记者有一定的"特权"，允许全场跑动，但也要注意仪态与影响。

有的摄影记者为抢占有利的位置与角度，常与同行发生争执。有的自诩为大牌记者，对人群大声嚷嚷："走开，走开，让我先拍！"有的不顾观众视线，在会场前乱窜。

在某个论坛上，一位政府的高级官员正在台上致辞，一位报社的摄影记者举着"大炮"镜头，冲到演讲台前一通拍摄。拍摄过程中，不仅闪光灯闪个不停，而且他还不停地变换位置、角度，时间长达10分钟之久。这位摄影记者的做法不仅干扰了正常的演讲，让致辞者感到不自在，而且挡住了台下观众的视线。

有的摄影记者还有"越界"的坏习惯。如一场赛马比赛中，有栏杆围着，他偏要越过栏杆去拍摄。有的未经允许进入限制摄影的博物馆、法院、展览馆等场地偷拍。有的用远镜头拍摄私人场所的活动。还有的成了"狗仔队"，到处追拍别人的隐私。这些都属于不当行为。

1997年8月31日，英国王妃戴安娜因躲避"狗仔队"的追踪而造成车祸。即使在车祸现场，有的记者也不管救人，只顾拍照，甚至推搡救助人员与警察。这种做法，违反了采访礼仪，也丧失了道德。

礼仪是在仪容、仪表、礼貌和言谈举止等方面约定俗成的，是人们共同认可的行为规范。记者要养成良好的礼仪修养，这样才能够得到他人的尊重，才能够获取更多的信息，才能够写出和拍摄出最佳的新闻作品。

本文开头时提到的学生记者团"穿最破的衣服"采访"拾荒部落"的活动进行得如何？答案是：很成功。在老师的指导下，他们写成了《"破烂王"传奇的背后——京城拾荒者调查手记》并见了报，受到有关部门的重视和读者的欢迎，为这次采访画上了一个圆满的句号。

第二章　写作篇

第11问：写作技巧神秘吗

写作技巧神秘吗？

有人说相当神秘，如同祖传秘方、丸散膏丹、武林秘籍，一般人学不到手。还有人说，写作技巧并不神秘，通过学习和训练就可以较快掌握。

那么，怎样才能掌握写作技巧呢？如果要详细讲解的话，可以讲一个学期的课，可以写一本厚厚的书。笔者以自己的一些体会，本着"大道至简"的原则，把写作技巧归纳成10个字，这样比较好记、好学。

这10个字就是：主题、材料、结构、修改、标题。

主题

主题是文章的灵魂。没有主题的文章就是杂乱的、颠倒的文章。无论是写消息、通讯还是写评论、散文，总得有一个作者想表达的中心思想。这个中心思想就是文章的主题。

主题来源于生活实践，是经过大脑的思考后形成的。写文章的人通过对生活中种种现象的观察和体验，加以思考，在脑海中产生了主题。不能搞什么"主题先行论"，先有主题再去找材料。

在写作中，策划先行、选题先行是可以的。策划与选题的依据是现实生活中的诸多问题，是唯物的。而"主题先行论"则是唯心的，是在写作前确定一个主题，然后按照这个主题去寻找素材、设计人物、制造情节，这就从根本上违背了写作的规律，写出来的文章就很教条，缺少生命力。

材料

材料是文章的血肉。文章要写得有血有肉，就得有材料。材料可以通过采访和调研获得，也可以通过查资料获得。无论是通过何种方式获得的材料，必须保证材料的3个基本特征：真实、典型、生动。

虚假的材料肯定不能要；不典型、不生动的材料要舍得割弃，因为这些材料引不起读者的兴趣。因此，"选材"是写作技巧的重要环节。凡是会选材的，写出来的文章就漂亮。

作家杜鹏程是一名战地新闻工作者。解放战争期间，他在前线采访了许多战士和将领，记下了200多万字的素材。这些材料，为他以后创作《保卫延安》打下了坚实的基础。当开始写作后，他的初版书稿写了100多万字，其中真人真事的材料就有100多人。作品显得杂乱，第一稿失败了。后来，杜鹏程九易其稿，将该割弃的材料忍痛删去，留下了最精彩的部分，把100多万字的书稿压缩至约30万字，终于完成并出版了这部描绘中国解放战争的长篇小说《保卫延安》。

结构

结构是文章的骨架。文章写得散了架子可不行，一锅糨糊是无法做成雕塑的。要让文章站立起来，要讲究结构，起承转合是必需的。

文章要写得有层次。怎样开头？段落间怎样承接？开头和结尾怎样呼应？如何使整篇文章看起来协调、舒服？这一切都是应当琢磨并掌握技巧的。有了这方面的写作技巧，你的文章就不是一团乱麻，而是一篇完整、严谨、自然的文章了。

古人说的起承转合就是在讲文章结构。起，就是文章的开头；承，就是文章的展开；转，就是文章的深入；合，就是文章的收尾。起，在消息的写作中称为导语，在其他文本写作中称为引言。之后的承、转、合就是文章的主体内容。

在文章的结构中，要特别注意各个层次、各个段落之间的转换与衔接，可以用段落过渡、句子过渡、词语过渡等方式。比如，有的文章在一段文字写完后，下一段开始时用"但是""然而""综上所述""一言以蔽之"等，均属于词语过渡。还有一种过渡方式为小标题过渡，这种过渡方式特别明显且简洁，本文就是用的这种方式。

修改

修改是对文章的打扮。一个人如果蓬头垢面就会让人讨厌，梳洗打扮后就会容光焕发，招人欢喜。文章也是要"打扮"的。学习语言的运用，把文章写得明白、流畅、简洁、生动是写作技巧中的重要一环。

修改中的重要一环是尽量让句子内容具体化。文章中抽象的词语太多，就是败笔。比如，"这个孩子学习很好"这句话，就是一句比较抽象的话。如果改成"这个孩子学习很好，连续三年在全年级排名前三"，这样就具体化了。又如，"我们的网站浏览量直线上升"，这句话也不具体。如果改成"半年来，我们网站的浏览量从每月3000人次上升到每月6万人次"，这样表述就很扎实。

修改的另一个窍门是尽量让文章故事化。文章要写得有新颖感，有曲折处，有让读者产生好奇的地方，要能调动起读者的情绪与共鸣感。有一位采访会议新闻的记者，开始写会议新闻时，只是豆腐块大小的文章，内容也很干巴。后来，他通过在座谈会上找故事、在表彰会上找故事、在讲座中找故事，成了写会议新闻的行家，报道也从豆腐块大小变成了1000字、2000字、3000字的"大稿"，成为独家新闻，有的还获得了新闻奖。

标题

标题是文章的"眼睛"。文章写好后，不能草草写个标题就交差，而是要花一定的时间好好琢磨一下。在写作技巧中，标题制作是相当重要的一课。把这一课上好了，可让文章瞬间亮眼。如果缺了这一课，文章再好也难以吸引读者。

毛泽东曾把《天津市东郊区詹庄子乡民生、民强农业生产合作社如何发动妇女参加田间生产》这个标题改成《妇女走上了劳动战线》，简单明了，十分清晰。还把《大泉山怎样由荒凉的土山成为绿树成荫、花果满山》改为《看，大泉山变了样子！》，简练生动，使人一目了然。

改标题是一门学问，门道很多。《红楼梦》原名叫《石头记》，后来改为《红楼梦》，得以广泛流传，成为经典。如今，有人想把《红楼梦》书名改为《一个男人和一园子女人的故事》，把《水浒传》改成《三个女人和一百零五个男人的故事》，用以吸引读者购书，结果反而弄巧成拙。

学习写作技巧，就先从以上5个方面开始，从基本学起，然后步步深入。写作技巧中还有很多别的技巧，如伏笔、跳笔、倒辞、虚实相生、曲直有致等，学无止境，学贵有恒。

第12问：写文章的基本要求是哪三个字

著名书法家启功写过一副对联："行文简浅显，做事诚平恒。"这句话说出了写文章的基本要求和做人的基本道德。

这句话中的"行文简浅显"该怎样理解呢？

"行文"即写文章。不论是写记叙文还是写说明文，不论是写新闻稿还是写小说，甚至是写一张便条，都属于"行文"。"行文"的基本要素是主题、材料、结构、语言。古人说："文章千古事，得失寸心知。"巴金说："我写作一不为吃饭，二不为出名，我藏在心里没有说出来的话是：我是春蚕，吃了桑叶就要吐丝，哪怕放在锅里煮，死了丝还不断，为了给人间添一点温暖。"唐代柳宗元说："吾每为文章，未尝敢以轻心掉之。"

由此可见，"行文"是一件苦事、难事，也是一件乐事。

"行文简浅显"这句话中的"简""浅""显"这3个字该怎样理解呢？

简："言简意赅"是好文

"简"，不能理解为简单、简易、简陋，而应理解为简朴、简约、简洁，即我们常说的"言简意赅"的"简"，"简明扼要"的"简"，"大道至简"的"简"。写文章不要太啰唆，该简略的地方就简略，该简写的地方就简写。惜墨如金，简短精练是应当追求的写作风格。

在新闻报道中，有一种体裁叫"简讯"，指的是动态消息的简明新闻，其特点是文字较短，内容更为单一集中，一般只有百字左右，甚至只有十几个字，既短又快，让读者一目了然，如"国际短波""祖国各地""要闻简报""本市快递""新闻集锦"等。这种形式有利于扩大报道面，更多、更快地反映动态，活跃版面。

在各地各单位的工作中，经常会用到各种"简报"。"简报"是传递某方面信息的简短的内部小报，具有汇报性、交流性和指导性特点。它简短、灵活、快捷，及时反映动态，对工作有促进作用，简、精、快、新、实、活是它的基本特点。

除了"简讯"和"简报"外，写其他文章也要力求"简"。古人说"文约而事丰""文简而意深"，说的就是这个道理。《陋室铭》只有 81 个字，《爱莲说》只有百余字，《岳阳楼记》只有 300 多字，精简的文章同样能讲出深刻的道理。

浅："深入浅出"出佳作

"浅"，不能理解为浅薄、肤浅，而应理解为"深入浅出"，即写文章要做到观点主题意义深刻，但在语言文字的表达方式上却是浅显易懂的。尽量不要写那些半文半白、半通不通的文字，或者欧化的倒装句之类的文字。连篇累牍的华丽辞藻，咬文嚼字，或是故作深沉地引经据典，写得晦涩难懂，绝非好文。

如果文章能用形象的语言来说明道理，用人民群众朴素的话来讲故事，就能让人听得进、记得住、传得开。

唐代诗人白居易的诗比较好懂易读，其原因是白居易每次写完诗后，都会把自己的诗念给那些不识字的农村老人听，老人听懂了，白居易就会定稿；要是老人没有听懂，白居易就会一直修改，直到他们能够听懂为止。正是这种扎根于民间的创作精神，使白居易的诗不但题材广泛、形式多样，而且通俗易懂，如《长恨歌》《琵琶行》《卖炭翁》等作品，都给人留下了深刻印象。诗中的佳句"在天愿作比翼鸟，在地愿为连理枝""千呼万唤始出来，犹抱琵琶半遮面""卖炭得钱何所营？身上衣裳口中食"，雅俗共赏，传诵千年。

显："立意显明"方传神

"显"，指的是文章内容要显明，要突出重点，要鲜明地亮出观点、表明立场，而不是含含糊糊、东拉西扯、不得要领。文章只有主次分明、详略得当，才能凝练传神，有针对性，有吸引力。

毛泽东对宣传干部说："我们党所办的报纸，我们党所进行的一切宣传工作，都应当是生动的，鲜明的，尖锐的，毫不吞吞吐吐。这是我们革命无产阶级应有的战斗风格。我们要教育人民认识真理，要动员人民起来为解放自己而斗争，就需要这种战斗的风格。用钝刀子割肉，是半天也割不出血来的。"

与简、浅、显的文风相反的，就是人们常说的假、大、空的文风。有的文章套话、空话连篇，有的文章故弄玄虚、任意拔高，有的文章不论主次、穿靴戴帽、冗长空洞。这样的文章，还经常出现在各种媒体上。

反对假、大、空，提倡简、浅、显，仍是我们面临的一项重要任务。

第13问：写作的七个节奏，你学会了吗

前些日子，笔者观看奥运会女子1500米自由泳决赛，你追我赶，紧张激烈。解说员在介绍游泳高手技术特长的同时，还讲解了1500米自由泳的比赛节奏：前500米应该怎样游，中间500米应该怎样调整，最后500米应该怎样加速……看完整场比赛，不仅欣赏了运动员的精彩拼搏场面，还学到了关于掌握比赛节奏的知识。

体育运动是这样，写文章也是这样。写作也要掌握好节奏。

写作的节奏概括起来可以分为七步：一动机、二材料、三主题、四结构、五表达、六修改、七发表。

把握好这个节奏，写作就能轻车熟路，事半功倍。

节奏一：动机是写作的源泉

人们为什么要写作？有的是为了抒发内心的情感，有的是为了分享成功的喜悦，有的是为了完成领导的任务，有的是为了自我价值实现的需要……不论是什么动机，它都是支配写作的原动力。

有了写作动机，就会有强烈的情感和顽强的意志力，就能克服写作中的种种困难，一直到把文章写出来为止。

鲁迅写《阿Q正传》是出于对国民劣根性的沉痛反思。巴金的写作是"春蚕吐丝"，"为了给人间一点温暖"。托尔斯泰的写作是为了"把那五光

十色的历史图画给展示出来"。

总之，有了写作动机，写作的文字就如同骨鲠在喉，不吐不快，就能"衣带渐宽终不悔，为伊消得人憔悴"，写作就有了持久力。

节奏二：材料是文章的血肉

写作必须收集、储备大量的材料，做到"家中有粮，心中不慌"。材料的收集可以通过观察、访问、调研、读书、查询等多条途径实现。

蒲松龄之所以能写出《聊斋志异》，是因为他在大路旁搭了个茶摊，供路人喝茶，听路人讲述各种奇闻，作为素材进行创作。司马迁在写《史记》前做了大量的考察工作，走过十几个省，收集了大量民间传说、历史记载、风土人情，成为他写书的第一手资料。马克思在写《资本论》时，阅读的参考书达1500册以上。

由于他们严谨求实的做法，收集到了大量材料，为写作奠定了基础。

节奏三：主题是写作的灵魂

有了动机，有了材料，就要赶快确定文章的主题。写文章首先要有思想性，使读者得到一些启发和有用的东西。有时，这个主题也可以是情感式的、趣味性的，给人以愉悦的感受。

古人主张"文以载道"。这个"道"，就是文章的主题。深化主题、突出主题的办法是在研究问题上下功夫，提高把握全局的能力，以思想深度取胜。

曹雪芹写《红楼梦》的主题是反映一个家族、一个旧社会的衰落。陶渊明写《桃花源记》的立意是对现实的批判和对美好生活的追求。关汉卿写《窦娥冤》的主旨是揭露当时官府黑暗，为民申冤。正是因为这些文章有了深刻、明确、新颖的主题，才使它们流传千百年而不衰。

节奏四：结构是写作的骨架

文章的结构又叫文章的布局。结构与布局的基本要求是层次清晰、连接自然、和谐统一。从文章的开头到结尾，都要有合情合理的安排。

比如，范仲淹的《岳阳楼记》的结构安排是这样的：第一段写写作此文的缘由，第二段写洞庭湖风光，第三、四段写一悲一喜两种心情，第五段写出主题思想"先天下之忧而忧，后天下之乐而乐"，第六段以写作时间结尾。

文章的结构有总分结构（先总结，后叙述）、因果结构（先写原因，再写结果）、对比结构（正反对比，突出重点）、递进结构（步步推进，达到目的）、并列结构（各段独立，服务整体）等，其目的都是使文章更有条理，更加清晰明了。

节奏五：表达是文章的衣裳

文章是要用语言来表达的。表达可以用叙述、描写、烘托、抒情、议论、对比等方法，通过语言恰当地揭示主题，为文章的中心思想服务。

语言的表达既要正确，又要生动，还要简练。郑板桥写过一副对联——"删繁就简三秋树，领异标新二月花"，主张以最简练的笔墨表现最丰富的内容。书画创作是这样，写文章也是这样。在语言的运用中，既要向名家学习，更要向群众学习。群众中有大量率直、简朴、形象、自然、幽默的语言，应当不断采撷，加上自己的创造，形成自己的语言特色。

荀子说："人之于文学也，犹玉之于琢磨也。"文学可以陶冶人的性情。在学习语言的过程中，只有不断刻苦努力，才能取得成功。正如一块玉石，只有经过琢磨才有可能变成美玉。

节奏六：修改是写作的妆容

修改要字斟句酌，反复润色，使文章达到令人耳目一新的境地。有的是段落的调整，有的是句子的改动。我们经常会看到作家"三易其稿""五易其稿"的故事，说的就是"文章不厌百回改"的道理。

曹雪芹的《红楼梦》增删五次。托尔斯泰的《战争与和平》修改七次。作家路遥写《人生》用了三年，为了写好开头，改了几十次才完成。"多折腾几次"是他的口头语。作家杜鹏程写《保卫延安》，在4年多的时间里九易其稿，钢笔把手磨出了茧子才大功告成。

这些例子都说明，文章是改出来的。修改不但可以提高文章的质量，还可以提升作者的写作水平。

节奏七：发表是文章的归宿

文章写成之后，最终的归宿是发表。文章一发表，个人作品成了社会成果，这是令人高兴的事。

文章的发表要得到编辑部门的认可。这时，作者要学会与编辑交流沟通。有时，编辑会提出一些修改意见，作者应认真考虑，使作品更趋完善。文章发表后，会有一些反馈意见和建议，应当及时汇总，作为今后写作的借鉴。

写作的七个节奏，你学会了吗？

第14问：怎样找新闻由头

某年年底，通讯员小刘给笔者发来一篇稿件，内容是关于企业全年工作成绩的。在新闻稿的开头，他写道："今年以来，企业的各方面工作取得长足进步……"

看了稿件后，笔者对他说："你这篇稿件内容比较充实，但是缺少新闻由头。看上去不像新闻，像工作总结，应当改一下，找一个新闻由头，让读者有新鲜感。"

他问："什么是新闻由头？怎样找？"以下是笔者的回复。

新闻由头的作用

新闻由头又叫新闻根据，是新闻发布的依据或契机。新闻由头一般是指新闻事件发生的时间或事实出处，是一个事实之所以成为新闻的依据。新闻由头可以是最重要的事实，也可以是次要的事实，也可以仅仅是新闻的来源。

有些新闻十分重要，必须言之有据，说明这条新闻是哪个权威部门发布的。有些人物事迹和工作经验很生动具体，但由于时过境迁，失去了新闻价值，要让这些事实成为新闻，就必须找到新闻由头。

一篇新闻稿有没有新闻由头，将直接关系到它新闻价值的大小。有些看似陈旧的事实，由于有了新闻由头，使旧事变新，注入新活力，就可以成为好新闻。

新闻由头在整篇新闻中不一定是最重要的，有的只是点明一下。但是，它必须是最新鲜的、最近发生的、对读者有启发作用的事实，而且能带动整篇稿件。

对于写工作经验、人物通讯、延迟发现的新闻、非事件性新闻时，更应通过深入采访，找到新闻由头，让旧事"起死回生"。

新闻由头的作用这么大，怎样找到它？从哪些方面入手？

权威发布法

最简单的方法是"权威发布法"。比如，以下两条新闻的由头：

> 记者从今天在北京召开的全国经贸工作会议上获悉：党中央确定的国有企业改革与脱贫三年目标已基本实现。

> 记者从外交部获悉，北京时间 3 月 5 日 23 时 15 分，中国政府协调派出的上海航空公司包机抵达上海，从马耳他接回最后一批中国从利比亚撤出人员 149 人。至此，中国撤离在利比亚人员行动圆满结束，共撤出 35860 人，已全部回国。

从会议上获悉、从外交部获悉，这样的新闻就有了说服力、可信度。这种新闻，较多的是会议新闻与部门简报。

今日动态法

一些记者并不满足于这种简洁的方法，还运用了多种办法找新闻由头，其中有一种叫"今日动态法"。

比如：

今天上午，最后一批 18 位"非典"治愈者走出北京小汤山医院，宣告这座全国最大的"非典"收治定点医院在高速运转 51 天后，圆满完成了历史使命。

又如：

今天 0 时 02 分，北京妇产医院一声嘹亮的啼哭打破了雪夜的宁静，宣告了我国第十三亿个小公民的诞生，标志着我国 13 亿人口日推迟 4 年到来。

由于抓到了"今天"这个特定的日子，新闻马上"新"起来了。如果从小汤山医院建院说起，从计划生育工作开头说起，那就变成讲历史了。

忆旧跟新法

第三种方法是"忆旧跟新法"。稿件写的虽是旧事，但笔锋一转，马上结合现实的新事，使两者巧妙结合。

比如，《三十四年后的追寻——"四有"书记谷文昌》一文的开头是这样的：

他已经去世 34 年，却仍为当地民众深深怀念；

他带领群众植下的满岛木麻黄，如今已长成防风固沙的茂密森林；

…………

又如，《让历史警示未来——在日本看"八·一五"》一文的开头是这样的：

悠悠岁月，尘封了多少茫茫世事。然而，"8·15"却是个令人不能忘怀的日子，它的特殊意义，至今仍在人们的思绪中萦绕，尽管纪念它已经是第 50 个年头了。

在上述两段文字中，虽然开头是"去世 34 年""悠悠岁月"，但接着立即写到"如今""至今"，使旧闻变新，不失为运用新闻由头的好办法。

观察实例法

第四种方法是"观察实例法"。记者以在采访时观察到的一个实例作为新闻由头，这也是可以的。记者所举的这个实例有时并不大，只是一个细节，但是有新闻性，便可以用。

比如，有一篇反映铁路车站管理工作经验、打击"票贩子"的报道，是这样开头的：

在衡阳火车站站外广场、售票大厅，我们来回转了好几趟，竟然没碰上一个问我们要不要票的人。这是 10 月 8 日笔者在广铁集团公司衡阳火车站遇到的一件"怪事"。

有了这么一个带有故事情节的引子，再往下写铁路部门的工作经验就顺畅了。

抒情感叹法

第五种方法是"抒情感叹法"。这种方法是先发出一段感慨与联想，然后导出正文。

比如：

当今中国，有谁不知道"包产到户"呢？她已如烂漫的山花开遍祖国大地，城乡人民不仅闻到她的芬芳，也尝到她的果实了；连国外的一些人也对她发生了浓厚的兴趣。但是，是谁起初提出和实行这种责任制形式并总结了完整的经验？他们的经历又如何？对于这些，至今知道的人并不多。

又如：

南极，你这遥远、荒凉的冰雪大陆，如今竟和我们离得如此之近！是什么力量，把千百万中国人的心带到了南极？

用这种新闻由头的好处是既有文学色彩，又有悬念，引发读者往下阅读的心情。"当今""如今"等词的运用，增强了新闻的时效性。

找出新闻由头的办法绝不止这5种，还有不少好方法。关键是要认真采访，在采访中把握住"新"的概念，凡是时间新、语言新、见闻新、角度新、细节新、观念新的事物都可以作为引子，作为写新闻的依据。

掌握了新闻由头的写作要领，就能够不断扩大新闻稿的写作范围，有许多看似不像新闻的内容，也可以转化为新闻，写成优秀的新闻。

通讯员小刘，希望你赶快为那篇稿件找一个新闻由头，让它成为一篇完美的新闻稿。

第 15 问：文章写得比较杂乱、没有层次，怎么办

通讯员小张发来一篇他写的通讯，内容十分丰富，例子很多，故事也不错，这篇文章做到了"言之有物"，可见他在采访中是下了功夫的，跑了不少路，结识了不少人，积累了不少材料，是很努力的。

然而，通观全篇，发现文章写得比较杂乱、没有层次，只是材料的堆砌，文章的结构没有安排好，与"言之有序"还有较大差距。

笔者把修改意见告诉小张后，经过改动，文章的条理清晰了，层次分明了，达到了内容与形式相对完美的效果。

好文章的作者是决不乱走的

怎样把"言之有物"的文章变成"言之有序"呢？安排好文章的结构是关键。结构是文章的骨架，没有骨架，文章就站不起来，就废了。安排好结构是一件创造性的工作。总体的要求是：文章有头有尾，来龙去脉清楚，前后相互照应，浑然一体。

著名作家、教育家叶圣陶说过，文章的"一句一句，一段一段，都是有路的。好文章的作者是决不乱走的"。当文章作者思考问题具备较强逻辑性和条理性时，就能在安排结构时有明确的思路。

安排文章结构应当遵循整体性原则、适应性原则和创新性原则。要使文章总体是完整统一的，各部分之间又是紧密联系的，做到结构为主题服务，而且具有个人的特色。

在写消息时，常用的是倒金字塔结构。在写通讯时，常用的是纵式结构、横式结构、纵横交错式结构。评论、小说、散文、应用文也有各自的结构方式。就记叙文来说，要把一件事、一个人叙述清楚，最常用的办法是根据时间的变化和作者思想情感的延伸来写，在写作中可以用顺叙、倒叙、插叙的手法。

顺叙、倒叙、插叙手法的运用

顺叙：按事件发生的实际时间顺序来叙述。叙述一个人，可以先说其幼年怎样，后来怎样，结局怎样。讲述一次旅行，从起程开始，先到什么地方，后到什么地方，从什么地方回来。然而，在写作时，对时间的切取不必平等看待，不必刻板地一小时一小时、一天一天、一月一月地写，选择最有代表性的几个时间段写就可以了。这种突出重要时段的写法，可以使文章有亮点、有特点。

倒叙：把事件的结局先写出来告诉读者，然后再写事情的经过。比如，鲁迅的《一件小事》这篇文章，先是说一件小事对自己的影响，感慨这件小事"于我有意义""使我至今忘记不得"，然后再讲述那天"我"坐车时车夫"碰"倒老太太并主动将她送到警局的过程。用倒叙的手法写作可以制造悬念，引起读者继续阅读的兴趣，是比较有特点的记叙方法。多加练习后，可以熟练地掌握。

插叙：在叙述中心事件的过程中，为了帮助展开情节或刻画人物，暂时中断叙述的线索，插入一段与主要情节相关的回忆或故事的叙述方法。插叙有补充、解释、铺垫情节的作用，使文章脉络更加清晰，推动情节发展，有助于情节的展开。

鲁迅的《孔乙己》一文，基本上是顺叙写法，但中间也运用了插叙。如写到酒的价格时，是这样写的："做工的人，傍午傍晚散了工，每每花四文铜钱，买一碗酒，——这是二十多年前的事，现在每碗要涨到十文，——靠柜外站着，热热的喝了休息。"把二十多年前"四文铜钱一碗酒"的事写入，就是插叙。说明二十多年来酒价上涨了一倍多。插叙的使用让文章的情节波澜起伏，结构富有变化，避免了行文平铺直叙。

第一人称法和第三人称法

按照文章叙述的人称来看，常用的是第一人称法和第三人称法。也有少数文章用第二人称法，由于受叙述角度的局限，一般人极难驾驭，所以第二人称法并不常用。

第一人称法指的是用"我""我们""笔者"等称谓来写文章。第一人称的写法便于主观心理描写，易抒情。从"我"的角度写出来的文字，展现了作者的内心世界，显得更加真实。在阅读的时候，读者似乎也成了文章中的"我"。所以用第一人称写作的优势是语境更真实，作者和读者之间的距离更近。同时，也有利于作者选择材料和剪辑，可以较快地将散乱的材料归纳在一个主题下成篇。其不足是不能全方位地展开叙述，受到"我"的所处环境局限而缩小了视野。

第三人称法指的是用"他""他们"等称谓来写文章。这种手法在写作中占大多数。这种手法是作者在写他人的故事，长处是能够全方位地展开叙述，不受时间与空间的限制，能够多层次、多角度地反映生活。其不足之处是与读者的心理距离有些远，不及用第一人称法那么接近。第三人称使文章读起来更像是在读故事，时刻充满悬念，让读者更想读完文章。

有血有肉、顺序不乱、具有特色的文章才是好文章。在这条路上，让我们一起探索、一起进步！

第16问：写出精品文章的基础是什么

写好新闻稿的方法与技巧有百千条，关键要抓住3条。抓住了这3条，就认识了写稿的基本规律，为写出精品文章奠定了基础。

这3条经验可以概括成"三实"6个字：真实、扎实、朴实。

内容要真实

真实，指的是稿件内容。

写新闻稿一定要真实，不能轻信传言和谣言，不能像写小说那样，要对客观事物如实反映报道，以符合事物本来面目。

在采访时，不可摆布采访对象，不可虚构或制造新闻；在写作时，不可合理想象、添枝加叶。忠于事实是新闻人最重要的原则。

对于新闻稿件中真实性的具体要求是：时间、地点、人物、事情、原因、结果要弄清楚、写明白。对新闻所发的议论要符合事情本身规律，不要任意拔高。

新闻要报道事实，但并非所有事实都要报道，记者应有选择能力，分清什么是该写的，什么是不该写的。比如，全国每天发生那么多交通事故，作为统计部门必须件件统计，作为新闻单位不可能件件都发。

在采写稿件中，应当防止客观主义倾向。1948年，华北《人民日报》在对华北旱灾报道中的错误做检查时指出："客观主义的特征是喜欢把一大堆各不相属的现象，加以罗列，拜倒于自发论之前，常常是讴歌一部分落后农民和小资产阶级的情感，他们不能透过现象的表面而找到本质的内在的联系，因而他们缺乏积极的能动的力量，只会坐在主流之旁对逆流浪花加以咀嚼和聒噪，屈服于客观困难之前，而没有勇气与力量去克服它。"

这一段论述说明，在采写稿件时，必须认识到片面的、偶然的，即使是大量发生但不是重要的事件，是不必去写的。因为它们没有反映事物的本质。新闻报道既要反映事物的现象，更要抓住事物的本质，这样的报道才会有深度。

作风要扎实

扎实，指的是工作作风。

少数记者、通讯员出现写稿失实的情况，究其原因是工作作风不扎实。为此，扎实的工作作风是写出好稿的基础。

扎实，就是要强化学习，努力钻研业务，成为专家型的新闻人；就是要深入基层，贴近群众，反映群众呼声；就是要写稿时认真核对事实、数字、背景材料，确保无误。

扎实，就不能满足于走马观花，不要"一日看尽长安花"，不能只满足于报道新闻"是什么"，还要想得深一点，研究探讨一下"为什么""怎么办"。必须克服轻视采访的做法；克服自以为是、盲目自满、过于自信的思想障碍；克服先入为主、设定条条框框、照猫画虎、人云亦云的写作思路；克服追求数量、忽视质量，抄抄材料便"大功告成"的习惯性做法。

古人说："入之愈深，其进愈难，而其见愈奇。"扎实的工作作风才能使记者透过现象抓住本质，写出有深度、厚度、力度、温度的好文章。

语言要朴实

朴实，指的是行文风格。

稿件的语言要平实、朴素。我们的文章要以情感人、以理服人，还要以实动人。在用词上，切忌穿靴戴帽、华而不实、哗众取宠。有些文章用了很多渲染夸大之词，实质上很空泛。有的报道由于过度概念化、抽象化，读者不愿意读。一些记者喜欢写一些"高屋建瓴"、"纵横捭阖"、辞藻华丽的文章，实际上是为了掩盖其采访不深入和掌握的材料不够的缺陷。

写先进典型，就应当写出他们"实在"的一面，从语言到工作、生活细节，都要写实，而不是任意拔高，用一些花里胡哨的词语把人物或集体堆砌起来。

著名记者穆青在写稿时，语言运用极具功力，朴实生动。如"干部不领，水牛掉井""财神婆""冒失队长""光棍村"等，还常用一些民谣或顺口溜，真挚、质朴，使人感到亲切。这是值得我们好好学习的。

抓住了稿件内容、工作作风、行文风格中的"三实"，写稿就能从不易变易，从普品到精品，写作水平就能向前迈进一大步。

第17问：为何说"写好导语，成功一半"

写消息首先要学会写导语。写好导语就成功了一半。

什么是导语

导语是消息开头的第一段文字，是用很短的语句概括新闻的内容，突出新闻的精彩部分，揭示文章的主题，让读者的脑子里有一个总的概念，并希望更详细地了解新闻的全部内容。导语已成为消息独有的结构语言。

导语的写作要求简明、生动、提神，要把最重要、最生动、最鲜明的事实叙述出来，描写出来。有的导语还可以用议论式、提问式的方法，提出观点，制造悬念，以吸引读者。

导语中是否一定要把新闻五要素（时间、地点、人物、事情、原因）写全？不一定。有的导语新闻五要素齐全，有的只具备少数几个，其他要素在之后的文中叙述，都是可以的。

导语写作的基本要求

导语写作的基本要求有以下4点。

一是导语必须重要、鲜明。

比如，《中原我军占领南阳》一文的导语是这样写的：

在人民解放军伟大的胜利的攻势下，南阳守敌王凌云于四日下午弃城南逃，我军当即占领南阳。

在这条导语中，时间、地点、人物、事情、原因都交代得十分清楚明白，还说出了结果，把最重要的事情都讲明白了。

二是导语要简明、凝练。

比如，当年日本投降时，有一家通讯社抢发的一条消息导语只有 5 个字：

日本投降矣！

1949 年 4 月 22 日 2 时，新华社发表的解军渡江战役报道，导语也只有一句话：

英勇的人民解放军 21 日已有大约 30 万人渡过长江。

这种叙述式写法的归纳性强，高度概括，十分凝练，具有强烈的冲击力。

三是导语要生动、有趣。

在突出事实与主题的前提下，导语可以写得生动些、活泼些、有趣味些，这样便能牢牢地吸引住读者。

有一篇关于培养优秀学生的报道的导语是这样写的：

"楚才杯"五年级作文题《给我一点时间》，让 3000 名被逼培优的十龄童，不约而同地将妈妈刻画成"变色龙""母老虎""河东狮吼"

的形象……

孩子把妈妈写成"变色龙""母老虎"，是经历了多少呵斥与责备啊！使人忍俊不禁，想把报道读完。

有一篇报道下午版报纸创刊的消息，其导语是：

> 中国新闻史上第一次响起了一个与众不同的声音："嗨，下午好！"我国第一张下午版报纸今日由杭州日报正式创刊。

这里用了拟人的手法，把报纸比作一个人，在向读者喊话，十分生动有趣。

四是导语要具体、扎实。

2012年7月24日发表的《三沙市成立大会暨揭牌仪式举行》一文的导语是这样写的：

> 今天上午，海南省三沙市成立大会暨揭牌仪式在西沙永兴岛举行。三沙市正式成为我国第285个地级市，也是我国领土最南端、陆地面积最小、管辖总面积最大、人口最少的地级市。

这条导语不但报道了事实，而且让读者长了不少知识。

说说非倒金字塔结构导语

消息的写法从大类上来分，有两种写法：倒金字塔结构与非倒金字塔结构。倒金字塔结构的导语讲得比较多，用得也比较多，指的是在写消息时，把最重要的事实放在最前面，以次递减，完成写作。上面所举的例子，多数为倒金字塔结构导语的写法。

倒金字塔结构起源于19世纪60年代，当时战争中的人们渴望尽快获得消息，而当时的电报业还不成熟，有时会中断。为此，记者在用电报传文稿时总是把最重要的事实先发出，即使电讯一时中断，报社也能把这一段发出来见报。

久而久之，这种写法被普遍采用，由于上头重下头轻，故称为倒金字塔结构。用倒金字塔结构写新闻，是记者必须具备的基本功之一。

另一种写法是非倒金字塔结构。用这种写法时，常用散文式或故事式展开，可写现场气氛，也可写逸事趣闻，或者用引语。对于一些带有故事情节和人物性格方面的消息，可以采取这种写法。比如，这篇《农民的丰收喜悦被通胀削弱》报道，其导语是：

> 一个和煦的秋日，黑龙江佳木斯市农民王宝伟（音）家的稻田里，一台联合收割机正在来回穿梭，轰隆隆地忙着收获，一袋袋金灿灿的粮食不时从机器后面滚落。

这段导语如同通讯的开头一样，是在讲述一个故事，娓娓道来，让读者走进故事情景之中。

又如，《人民日报》1981 年 10 月 21 日刊载的一则消息，其导语是：

> 一架飞机能从宽仅 14.62 米的巴黎市中心的凯旋门门洞中飞过，谁会相信？法国人不相信，巴黎市警察局也不相信。但这却是真的。

这段导语的精彩之处，在于提了一个设问，制造了一个悬念，用含蓄的方式为这次神秘事件加码，然后引出正文，设计得十分巧妙。

导语写得好不好，往往会决定读者是否能把文章读下去，直至读完。那些冗长、枯燥的导语不能触及关键事实，又不生动，使读者得不到要领，写作者就算用之后的文字再做弥补，也很难成为好稿。为了写好新闻稿，多学、多练导语是一项迫切的任务。

第18问：写新闻稿怎样讲故事

有一位电影导演说："导演需要有讲故事的欲望和表达主题的欲望，在这种创作欲的驱使下，才能够为大家带来好作品。"

拍电影是这样，写新闻稿也是这样。虽然两者有区别——电影可以虚构，新闻必须真实，但是，通过讲故事来吸引受众，从故事中引申出主题是一致的。

既提供事实，又会讲故事

记者是新闻事实的忠实报道者。除了及时提供事实之外，必须学会讲故事，这样才能使报道形象化、生动化。如果记者只是提供事实而不会讲故事，那么作品会显得枯燥，读者较少，作品就没有影响力。

记者通过讲故事提供事实，这样的事实能让人牢牢记住，作品自然会广泛流传。一位作家说过："只需强化你的'故事意识'，就能使你的文章更加具有吸引力。"新闻稿中有了故事，就能使读者在情感上有获得感，为故事情节而感动，潜移默化地接受你在文章中表达的观点。

怎样在新闻稿上讲故事

那么，怎样在新闻稿上讲故事呢?

先要收集好素材。记者通过观察、访问、查资料，了解人物和事件的发展轨迹，熟悉背景材料。对收集素材的要求是量要大，要新鲜，背景材料要准确无误。在此基础上，选出带有故事情节的片段，加以强化，写入报道之中。

在众多素材中，应挑选哪些故事呢？

一是有时间差的故事。有了时间差就有了空间、有了反差，故事就生动了。

二是情节有起伏的故事。这些故事不是记流水账一样平铺直叙，而是生动曲折，有起伏、有波澜、有变化。

三是有细微观察的故事。在细微之处可以见精神、见品质。大面上的故事可讲，细微处的故事更要关注。

四是所讲的故事既不能太平淡，又不能太离谱，要接地气，要结合文章的主题，给读者启发与思考。

一篇优秀通讯的启示

下面，我们以优秀通讯《县委书记的榜样——焦裕禄》为例，来探讨一下穆青等记者是如何讲好焦裕禄故事的。归纳为 6 个字：时差、起伏、细微。

（1）时差。在这篇通讯中，故事的时间差十分明显。从 1962 年冬天焦裕禄到兰考县说起，讲到 1965 年焦裕禄逝世一年时人们对他的怀念，时间跨度长达 3 年。

这还不够，文中还引用了背景材料，从焦裕禄的出生谈起："焦裕禄，出生在山东淄博一个贫农家里，他的父亲在解放前就被国民党反动派逼迫上吊自杀了。他从小逃过荒，给地主放过牛，扛过活，还被日本鬼子抓到东北挖过煤……"这一下子把时间跨度拉长了 40 年，可选的故事就更多了。

（2）起伏。这篇通讯所选的故事情节均有起伏。仅举一例来说明：

文中写到，在一个风雪交加的冬天夜晚，焦裕禄召集县委委员开会。按常规办法，开会就是一班人坐下，关门讨论事情。可是，会议一开始，焦裕禄只说了一句"走，跟我出去一趟"，便带领大家直奔火车站。

在火车站，县委一班人看到了蜷曲在货车上、拥挤在候车室里的逃难灾民。焦裕禄沉重地说："同志们，你们看，他们绝大多数人，都是我们的阶级兄弟。是灾荒逼迫他们背井离乡的，不能责怪他们，我们有责任。党把这个县三十六万群众交给我们，我们不能领导他们战胜灾荒，应该感到羞耻和痛心……"从火车站回到县委，会议才正式开始。

正因为这段故事有情节、有形象、有起伏、有画面感，又有掷地有声的语言，所以感人。很多年后，在拍摄关于焦裕禄的电影时，就用上了这个片段，感动了千百万观众。

（3）细微。《县委书记的榜样——焦裕禄》一文在写故事时十分关注细微变化。比如，文中几处提到焦裕禄身体不好，患有肝病，都是在细微变化中观察到的。其中有一处写得很细致："很多人都发现，无论开会、作报告，他经常把右脚踩在椅子上，用右膝顶住肝部。他棉袄上的第二和第三个扣子是不扣的，左手经常揣在怀里。人们留心观察，原来他越来越多地用左手按着时时作痛的肝部，或者用一根硬东西顶在右边的椅靠上。日子久了，他办公坐的藤椅上，右边被顶出了一个大窟窿。"

正是有了这样细微的描写，故事更感人了，也突出了焦裕禄"心里装着全体人民，唯独没有他自己"的高贵品质。这种从小处落笔、往大处开拓的写作手法值得借鉴。

学会讲故事，是记者的一项基本功。在当今社会中，连广告文案都在用讲故事的方式传播，作为写新闻稿的记者，难道不应该先行一步、做得更好吗？

讲好企业故事，讲好农村故事，讲好学校故事，讲好中国故事，传播好中国声音，增强新闻的感召力、公信力，让读者爱听、爱读、爱想，传媒就一定能在实现中国梦的征途上发挥更大的作用。

第 19 问：怎样写"新闻小故事"

"新闻小故事"是一种短通讯，是反映社会生活方方面面事件的新闻作品，由于其故事性强，贴近实际、贴近生活、贴近群众，从而受到读者欢迎。

"新闻小故事"的三要素

写"新闻小故事"要围绕"新闻""小""故事"3个要素来加以表述。

"新闻"，指的是这一件事要能符合新闻的基本要素，是新鲜的、真实的、客观存在的，而不是虚构的，也不是陈旧的。

"小"，指的是文章的篇幅要短小精悍，情节相对单纯，内容比较集中，一般为四五百字，最长不要超过一千字。文章短而不空，短而有料。

"故事"，指的是写的事情要生动有趣、发人深思，有故事情节，现场感强。这些小事，有的折射道德风尚，有的体现工作作风，有的反映社会变化，引发了作者的思路，从而想把它们写出来。这些"故事"不是童话故事，也不是历史故事，而是一个新的、真的故事。

笔者看云南省纪委省监委官方微信公众号"清风云南"，里面就有不少"新闻小故事"，如《集体资金"现身记"》《被退回的120元交通费》《潜伏在集体资金里的"危险"排除了》《迟到4年的土地租金》等。一看标题，就把人吸引住了。

"新闻小故事"要有社会意义

写"新闻小故事"的主要手法是叙述和白描。抒情与议论可以有，但不宜长。

在《人民日报70年通讯选》一书中收录的几篇短通讯，都是"新闻小故事"，每篇都只有900—1000字。

《擦鞋者说》（见《人民日报》2006年3月19日）写的是南京市41岁的擦鞋师傅郭兆松"以诚信立基，做良心事业"的故事。

《老郭脱贫记》（见《人民日报》2016年12月25日）讲的是56岁的河南省封丘县王村乡小城村农民郭祖彬"政府兜了底，致富靠自己"的脱贫故事。

《虎林笑看虎怕牛》（见《人民日报》1996年8月19日）写的是哈尔滨市的松北新区"东北虎林园"中"牛斗虎"的故事。

这些故事的特点都是单一、集中、具体，且结合时事，有社会意义。

《人民日报》2021年9月12日头版发表了一篇近900字的短通讯《重庆市垫江县——牡丹花铺满致富路》，讲的是当地花农通过种植牡丹致富的故事。文章开头是这样写的：

> 黄清中家的农家乐可热闹了，院坝上摆满了餐桌，他一边在厨房里给老伴打下手，一边忙着接电话："需要订多少盆牡丹花？要丹皮吗？"香气从厨房传到堂屋，一道丹皮鸡摆上了桌，"咱家招牌，尝尝吧！"

接着，文章写了黄清中和花农们发展牡丹产业的故事，以及当年垫江县牡丹文化节期间接待游客达392万人次，全县旅游收入26.6亿元，2万多亩牡丹花发挥出独特的经济价值。

写全县的经济发展，通过一株牡丹花、一个农家乐的故事展开，反映的是"同心奔小康"的主题。

新闻报道要学会讲故事

《人民日报》2021年9月14日第20版上发表了陆绍阳的文章《新闻报道要学会讲故事》。文章中提出的以下这些观点是很中肯的：

> 文章立意是讲好故事的关键。
>
> 讲好故事，贵在言之有物。
>
> 讲好故事，抓住"结构"这个关键词，就等于抓住了"牛鼻子"。

文章作者认为，优秀的新闻报道之所以叫得响、立得住、传得开，是因为立意有高度、内容有厚度、表达有温度。

在写"新闻小故事"时，要言之有物，立意要高，结构要巧，做到传神、动情、感人。与长通讯的不同之处在于，小故事的开头要开门见山，文章一开头就把读者引入情景之中，而不是"慢热型"地先做许多铺垫。

文中的小故事可以有一个，也可以有两三个，但都要与主题相扣，不可太分散。小故事中多写看到、听到的事物，恰当地运用语言对话和细节描写技巧。

小故事中最好能有一些知识性、趣味性。如在《重庆市垫江县——牡丹花铺满致富路》一文中，就讲述了"牡丹是花更是'药'——最值钱的是可入药的丹皮""丹皮生长周期较长，5年一采"等。这些知识不少读者以前并不了解。

"新闻小故事"可以写成人物特写、事件特写、情景特写，也可以写成新闻速写或以第一人称的叙述。

实践证明，小故事完全可以写出反映重要题材的文章。有许多"新闻小故事"登上了全国和省市大报的头版，有的还获得了新闻奖，这就是它质量上乘的表现。

　　各地的通讯员由于接地气、与基层接近，在写"新闻小故事"上具有一定的优势，在这方面是可以大有作为的。

第20问：写新闻稿如何把复杂的事情简单做

近日，为出一本书遇到点麻烦，拖得太久，进展太慢，似乎要停顿了。为此，笔者摘编了几句流行语，在出版人员微信群中留言：

> 复杂的事情简单做
>
> 简单的事情重复做
>
> 重复的事情认真做
>
> 世上的事情都能做

得到响应后，大家开始分工，谁负责催书稿，谁负责校对，谁负责封面设计，分工明确，并有了时间限定。过了几天，出书工作进展明显加快了。

由此事联想到写新闻稿，也是同理。

写新闻稿看似有点复杂：既要发现新闻，还要采访写作；既要内容充实，还要文字优美；既要写现实状况，还要有背景材料；既要有好的开头，还要有好的结尾；既要结构合理，还要取一个好标题……这样一看，似乎十分繁复，不知从何入手。

其实，用"复杂的事情简单做"的思路来写稿，便可以变不易为易，稿件也能一步一步顺利完成。

"简单做"不是粗糙做、潦草做，而是遵循大道至简的原则，用简洁、高效的方法去做，不纠缠、不烦琐，做得既扎实，又精致、雅致。

这个方法是：处处留心皆新闻，搜集材料重选择，语言通俗加简洁。

掌握了这 3 句话，写新闻稿就从复杂变为简单了。

处处留心皆新闻

写新闻稿复杂的原因之一是找不到新闻，无从下手。

怎么办？这就要求写作者多留"心眼"，培养新闻敏感，通过勤走、勤看、勤听、勤感觉、勤思考去发现新闻、挖掘新闻。

新闻是什么？是新鲜的事，是读者想知道的事。写作者要带着问题去采访，处处留心、事事留意，凡是读者关心，又符合政策方针的，就要加以关注，就要去开掘，就可以写。一些小地方、小单位、小企业为什么能出大新闻？主要是把新闻挖掘出来了，以小见大，主题抓对了。

比如，"狗咬人"这件事，在许多新闻教科书上一直被认为"不是新闻"，只有"人咬狗"才是新闻。然而，河南广播电视台民生频道的《小莉帮忙》节目，通过 10 期的努力，终于把安阳市"狗咬伤老人"做成了全国大新闻。这是因为这条新闻抓住了"群众利益无小事、作风问题无小事"这个热点，引发了社会公众的正义力量。

搜集材料重选择

有了题材后，就要搜集素材。写新闻稿复杂的原因之二是不知道材料怎样取舍。

取舍的原则是：既要多，更要精、要典型。要从大量的甚至有些枯燥的材料中挑选出精华，而这些精华正是能够说明主题的，是与文章的"新闻眼"紧密结合的。

鲁迅说："选材要严，开掘要深，不可将一点琐屑的没有意思的事故，便填成一篇，以创作丰富自乐。"这话是十分有道理的。文章中使用的素材太多太乱，会使文章臃肿而乏味。

主题是灵魂，材料是血肉，要为主题而选材。在选材前，先要审一下题，根据写作目标来选，这样就基本确定了选材的范围。然后在这一堆选定的目标中，再挑选出最能表达写作意图的主要材料，进行详写。其他材料，则可略写。

魏巍在写《谁是最可爱的人》时，从几十个事例中精选出3个，突出了中国人民志愿军的精神面貌，给读者留下深刻印象。

语言通俗加简洁

新闻稿的语言一定要通俗易懂。尤其是写政策解读、科技报道、经济报道时，很多专业名词要通俗化，把它们解释清楚。文章中的典故，有文言文的，最好翻译成白话文。

每段文字不要太长。现代读者的阅读习惯是快节奏、省时间。每段文字太长，会使读者失去阅读的耐心。因此，当内容有转折、间隙之时，便可以考虑分段。即使所讲的问题是在同一层次上，也可以分为多段来写，不必拘泥于一大段把它讲完。

每句的文字也不要太长。太长的句子要改为短句。这样读起来就不拗口、易理解。有些长句子是因为只用一个主语想说明全部问题，读起来费劲。通过提炼主干，分开叙述，变成多个主语，完全可以使长句变短。

比如，下面这个长句子：

> 至今人们还清楚地记得那天凌晨，解放军战士在狂风暴雨横扫山崖、泥石流滚滚而下的危急情况下及时把崖下村民从险境中抢救出来的那一个极为动人的场面。

这句话的主语只有一个。如果要改为短句子，可以这样改：

那天凌晨，狂风暴雨横扫山崖，泥石流滚滚而下。解放军战士在危急情况下及时把崖下村民从险境中抢救出来。至今人们还清楚地记得那一个极为动人的场面。

这里的主语分别是"狂风暴雨、泥石流""解放军战士""人们"。句子的内容没有变，读起来却比较轻松。

新闻稿语言的通俗和简洁十分重要，它是记者概括能力的表现，也是站在读者角度写稿的要求。

有的新闻稿内容较多，比较长，不好删，怎么办？建议在稿件中加上小标题。小标题可以使文章的条理更清晰，能吸引读者眼球，使一篇长文变成几篇短文，会让读者加深对文章的印象。

第21问："凡人小事"的稿件该怎样写

从《走进名人世界》说起

2007年11月，《人民日报》（海外版）副总编辑刘国昌、旅游部主任孔晓宁合编了一本人物专访集，书名叫《走进名人世界》。书中所采写的名人有100位，包括政界要员、科教精英、海外名流、文坛翘楚、艺苑奇才等，如曾担任党和国家重要职务的李岚清、宋健、李肇星，著名学者于光远、任继愈，著名医生钟南山，还有诗人贺敬之、漫画家方成、画家靳尚谊等。

这些人都是名人，值得写，值得报道。因为一位名人就是一段历史，他们的名著名言、名事名品，都有闪光点，值得学习推崇。

另外，笔者也在思考一个问题：我们的新闻报道是否可以走进平凡人的世界，写普通群众，写老百姓，写凡人小事？这一领域，正是记者、通讯员日常生活工作中接触最多的。

怎样写平凡人？什么可写？什么不必写？这是值得我们加以总结并去实践的一件事。

写有新闻价值的平凡人

要回答上述这些问题，必须深入弄懂新闻价值这个概念。

新闻价值是选择和衡量新闻的标准。什么事实值得报道？什么事实不值得报道？这是记者和通讯员在采访时首先面临的问题。只有那些重要的、显著的、新鲜的、生动的、有意义的事实才值得报道，而那些一般的、普通的、司空见惯的事实就没必要报道。

明白了这个道理后，我们会发现，凡是报道平常人的新闻稿件，其内容中必有不平常的事迹，有符合时代要求的信息。正是因为这些"不平常的事迹"有新闻价值，记者和通讯员才去采访并写作。

这让笔者想起，作家路遥写过一部小说，书名叫《平凡的世界》，讲述的是一群普通人在大时代历史进程中的劳动与爱情、挫折与追求、痛苦与欢乐。该小说1986年首次出版，1991年获中国第三届茅盾文学奖。

虽然这是一部小说而不是新闻报道，但它同样说明一个问题：平凡人也是大有可写的。

这还让笔者想起，昆明翠湖有两座雕像：一座是著名音乐家聂耳的雕像，另一座是平民百姓"海鸥老人"吴庆恒的雕像。

昆明翠湖是红嘴鸥在每年冬天从远方飞来后的栖息地。"翠湖观鸥"便成了昆明春城一道亮丽的风景，观鸥、喂鸥、与鸥同乐已成为市民生活的一部分。

聂耳是名人，为他写报道、树立雕像是正常的。吴庆恒是平民百姓，为什么要传播他的事迹，为他树立雕像呢？

原来，这位平凡人做出了不平凡的事迹，有新闻价值。我们来分析作家尹相如写的一篇文章。

《平民雕塑》文章写得好

这篇文章的题目是《平民雕塑》。在文中，作者笔下的吴庆恒老人是这样出场的：

在这支护鸥大军中，有一位特别执着、热心的护鸥使者，人们不知道他的姓名，都叫他海鸥老人。每天都可以看到这位背有些驼的老人，头戴褪色的帽子，身穿褪色的蓝布衫，背着一大口袋鸥粮到翠湖喂海鸥。他的鸥粮是自制的，由面粉加鱼虾粉混合而成，海鸥特别爱吃。

作者在写作时，把细心观察到的人物外貌加以展示："背有些驼""褪色的帽子""褪色的蓝布衫"。在写吴庆恒老人给海鸥喂食时，刻画得细腻、生动、具体，使读者仿佛身临其境，参与其中。我们来欣赏以下这段细节描写：

他把一团团鸥粮一字排开放在石栏上，一一叫着他给红嘴鸥取的名，呼唤它们前来就食，就像呼唤自己调皮的孩子……每当他高喊"独脚，独脚，来——"的时候，那只缺一条腿的海鸥就会如期而至，飞临他的头顶，啄食他手中的鸥食。每当观者看到这一幕时无不啧啧称赞，叹息老人对海鸥的一片深情。

文章回顾了吴庆恒老人的生活历程：在"以阶级斗争为纲"的年代被批斗，坐过监狱，直至平反。他无儿无女，退休金不高。海鸥飞临昆明后，他把爱倾注到海鸥身上，节衣缩食，在长达十多年的岁月里，每年冬天每天必到翠湖喂鸥，到太阳落山才回家。后来，他因病去世。

文章写到这里，似乎可以结束了。然而，作者接着又写了一幕感人的场景，更突出了吴庆恒老人的"不平凡"之处：

经常到翠湖喂鸥的"鸥友"们找来了记者为老人拍摄的照片，然后抬着放大的照片到老人生前经常喂鸥的地方默哀，以这种特殊的方式悼念吴庆恒老人。突然之间，令人难以置信的事情发生了：海鸥看到老人的照片后，立即围拢过来，在老人的遗像前盘旋翻飞，哀鸣声声，令观者无不动容。接着又一齐落到地上，在老人的遗像前排成两行，肃然静立，为老人默哀守灵。当人们收起老人遗像的时候，海鸥们竟然怒不可遏，扑腾腾飞起，悲号震天，一齐朝遗像撞去，不准把它们的亲人带走……

斯人已逝，爱心长存。人与海鸥，共同致敬。为纪念海鸥老人吴庆恒，民众和有关部门集资为他建造了一尊塑像，让他的故事世代相传。

作者用饱含深情的笔墨，写了一个普通老百姓，一个平凡而又不平凡的人。这种写作手法，对于我们写好普通人的报道，有着极大的启发作用。

由此看来，只要我们深入采访，把凡人的"闪光点"找出来，把凡人的"金句"讲出来，把凡人不平凡的"细节"挖掘出来，把凡人与我们的新时代结合起来，怀着感恩与真诚之心去写作，就能把凡人写活、写好，写出高水平的报道。

第 22 问：如何写好"以小见大"的稿件

写文章要"以小见大"

写稿件"以小见大"的意思是，选择日常生活、学习、工作中的一两件有典型意义的小事，来反映一个大的主题。

古人在写文章时常用这种手法。元末明初的刘伯温通过去街上买柑这件小事，写出了《卖柑者言》，假托卖柑者的一席话，深刻讽刺了当时社会的丑恶现象。

唐代的柳宗元从一个捕蛇者的遭遇，写出了《捕蛇者说》，揭示了当时社会"苛政猛于虎"的主题。

鲁迅写过一篇叫《一件小事》的文章，说的是他亲身经历的一位人力车夫助人的故事。鲁迅说："耳闻目睹的所谓国家大事，算起来也很不少；但在我心里，都不留什么痕迹"，"独有这一件小事，却总是浮在我眼前，有时反更分明，教我惭愧，催我自新，并且增长我的勇气和希望。"

由此可见，一件难忘的小事，常常会给人留下深刻的印象。"以小见大"的文章正是要体现这种持久的震撼力。

著名作家、教育家叶圣陶也写过一篇"以小见大"的文章，题目叫《作文与做人》，全文才300字左右，现录于下：

作文与做人

品德教育重在实做，不在于能说会道。

譬如去年高考的作文题是《先天下之忧而忧，后天下之乐而乐》，要是有一位考生写得头头是道，有理论，有发挥，准能得高分数。但是当他离开考场，就挤上公共汽车，就抢着靠窗的位置坐下，明明有一位白发老太太提着菜篮靠在他膝前，他只当没瞧见。你说这位学生的作文卷子该不该得高分数？依我说，莫说高分数，我一分也不给。他连给老太太让个座的起码的好习惯都没有养成，还有资格谈什么"先天下之忧而忧，后天下之乐而乐"吗？

也许有人说，你也太认真了，那是作文，那是考试。对，是考试，在公共汽车上给不给老太太让座，这才是真正的考试，他一分也得不到。

文当然要作的，但是要紧的在乎做人。

叶圣陶这篇文章的第一句话，就开门见山直接点出了论题。接下来，用一个考生的言与行进行对比。最后，一针见血地指出，"做人"才是真正的考试。

在写作"以小见大"的稿件时，要注意的问题有以下 3 点。

一、必须抓取那些最典型的、有意义的、能反映大主题的小事情，而不是眉毛胡子一把抓。

二、要细心观察，把这些小事的细节挖掘出来，而不只是笼统地说一下。

三、要把小事情与大主题有机地、合理地联系起来，而不是生拉硬拽，无限拔高。

"小题大做"的文章毛病多

如果掌握不好"以小见大"的分寸，就容易造成"小题大做"的情况，甚至出现"哭晕体""吓尿体"等浮夸自大的文风。

"小题大做"指的是不恰当地把小事当作大事来写，看到蚊子拔宝剑，用铁耙子搔痒，好大喜功、上纲上线。"小题大做"的文章主要有以下几种。

一是文章标题做得太大。文章要追求"意高"，这没有错。但有些文章的标题做得太大，喜欢用"高度重视""狠抓落实""重任在肩""大放光芒"等词句，片面强调高大上，效果并不好。有一篇文章的标题是《在这些领域，中国创下多个"世界第一"！无人表示不服》，就有任意拔高的味道。有一篇写矿难事故的报道，其标题是《领导高度重视，反应非常迅速，措施非常有力，取得很好效果》，效果并不好，反而给工作带来负面影响。

二是套话多而实话少。常言道：言之无文，行而不远。有人写作时喜欢用套话，搞文字游戏。写开会，开幕必"隆重"，闭幕必"胜利"；写工作，必然是"全面动员""层层分解"；写成绩，就写成"特大喜讯""惊人成就"。这样做，一来比较省力，二来还显得有"水平"。用惯了套话，文章不会具体生动，而是抽象与死板。

三是文章长而干货缺。本来稿件是可以写成消息的，非要拉长成为通讯；本来稿件是适合写成通讯的，非要拉长成为报告文学；本来一个工作报告可以写得短一些，非要列出一二三四条"意见"。有些素材在本单位、在当地还算重要，有一定新闻价值，但是放在全国范围，只能算小事一桩。在给省市级以上报刊投稿时，没有必要洋洋洒洒地写几千字甚至上万字。即使写成，效果也不会好。

四是结论过于宏大。有些文章事实是清楚的，但根据事实的议论却出现了毛病。比如，有一篇写美食的文章，把美食提高到"爱国主义"的高度，提高到关系"民族精神传承"的高度，就有点过了。又如，有一篇文章写到"我"的母亲拒绝了别人为感谢而送来的鸡蛋，就说是"把歪风邪气挡在了门外，那一刻，您在我的眼里变得异常高大。您真是我的好妈妈，世界上最伟大的妈妈！您的高风亮节将流芳百世，永远值得我们学习"。这种人为拔高的写法实在是没有必要。

"小题大做"是写文章中形式主义的一种表现形式，是文风不正的表现。当年，毛泽东在《反对党八股》中给"党八股"列出的第一条罪状就是"空话连篇，言之无物"。他指出："文章是客观事物的反映，而事物是曲折复杂的，必须反复研究，才能反映恰当。"

"小题大做"的文章是对事物调研不够而生成的，是一种"套路"文章，写着写着就会给人以说教的感觉，给人以假、大、空的感觉，难以使人感动和信服。

写文章要坚持"以小见大"，拒绝"小题大做"。

有人问："怎么辨别两者？"笔者的回答是："以小见大"是实情，"小题大做"是矫情。认清两者差异，方能得心应手地写出"以小见大"的文章，使自己的写作水平扎扎实实地长进一步。

第23问：怎样写专访

专访是与一般消息、通讯不同的一种新闻形式。

专访的特点是就某个问题或对某个人进行采访，既要"专"又要"访"。即内容要有专题性、专门性，访谈要有问有答，相得益彰。

专访的内容可以是解读政策法规、阐释新闻热点，也可以是讲述成功经验、倾诉人生故事。不论是什么内容，记者都要有目的、有方向地进行这项工作，在"访"中交谈，从谈话中获取材料，写出独家新闻。

怎样才能做好专访呢？我们以人民日报社记者刘衡写的《"妈妈教我放鸭子"——记全国"三八"红旗手、湖北沔阳县彭场公社陈惠容的谈话》（简称《"妈妈教我放鸭子"》）为例来加以说明。

《"妈妈教我放鸭子"》一文发表在1983年12月12日的《人民日报》上。除开头几行字用的是第三人称外，其余文字都是以第一人称写的。细读此文，可以看出，专访的写法主要应当抓住以下几个环节：加强针对性、准备要充分、紧紧扣主题、突出现场感。

加强针对性

写专访要有针对性地确定好采访对象与内容。专访的题材与由头来源于社会生活，来源于热点人物，来源于人民群众关切的问题。这是开展人物专访的第一步，也是人物专访最重要的一环。这个人值不值得采访？他的事迹和思想上的闪光点能否引起读者关注？写出来的稿件能对人有什么启发？这都是重点。

《"妈妈教我放鸭子"》采访的是当时全国年龄最小的妇女代表、"三八"红旗手，年仅 18 岁的放鸭农民陈惠容。一看这些特点，就让人感到有故事，值得采访。

记者把陈惠容的基本情况了解清楚后，列出了具体的采访提纲，拟定一些准备提的问题（有些问题可临场发挥），带着问题去采访，从问题中去找答案。从陈惠容的谈话内容中可以看出，记者至少提了以下这些问题：

> 你一年收入九千几，哪里学来的本事啊？
>
> 你开始放鸭子时，有什么心理负担？
>
> 鸭子的生活习性是怎样的？
>
> 你妈妈怎样告诉你的？
>
> 你一个人在野外放鸭子，不害怕吗？
>
> …………

由于问题准备得充分，谈话就顺畅。

准备要充分

要尽可能地收集好采访对象的原始资料。可以通过图书、上网、他人介绍等多种方式，在采访前弄清楚采访对象的年龄、爱好、专业、成就、著作、经验等背景材料。这样在采访交谈时就不会尴尬，不会无话可谈，便于融洽交流，也是对采访对象的一种尊重。

《"妈妈教我放鸭子"》一文的作者对陈惠容的基本情况是了解的，对农村生活的基本情况也是了解的，对鸭子的生活习性也有一定程度的了解。因此，写出来的文字就很具体，很有生活气息。

此外，硬件上的准备也要充分，如照相机（必要时用摄像机）、录音设备、笔记本，以及得体的服装、鞋帽。准备好这些，与采访对象约好时间、地点，就可以出发了。

紧紧扣主题

在访谈的过程中要始终围绕主题、紧扣主题，切不可偏离大的方向。即使有些细节采访，也要为主题服务。要选择恰当的时机进入角色，打开采访对象的话匣子，使其说出心里话和"金句"。记者要站在读者的角度，采访到读者未知而想知道的信息，这样的专访才有可读性和吸引力。

《"妈妈教我放鸭子"》一文的作者引导陈惠容说出了放鸭子从"怕丑"到"自豪"、从外行到内行的转变，让读者读完专访，一下子记住了这位年轻的"三八"红旗手，记住了她的神态与语言，看到了她身上好学上进、勤劳致富的闪光点，觉得可信、可亲、可学。因此，这篇专访就成功了。

同时，人物专访最好能附上图片。

突出现场感

专访要有新闻性和现场感，不能写成历史故事。背景材料可以用，但不宜多，主要谈的是现实问题。稿件要使读者有身临其境的感觉，带着感情色彩，记者与采访对象同步进入角色，与当事人共呼吸、同感受。

专访的写作可以运用叙述、对话、白描、抒情、议论等手法，灵活多样，不拘一格。

《"妈妈教我放鸭子"》一文的现场感很强，读者读后眼前会出现放鸭姑娘的形象，也会出现各种鸭子的形象："年轻的鸭子喜欢打扮，穿得五颜六色，花里胡哨；年老的鸭子灰不溜秋，老里老气。公鸭体格魁伟，毛色鲜艳；母鸭小巧玲珑，十分朴素……鸭子知道害怕，碰到陡坡，只要超过四十五度，不敢上，也不敢下，连忙弯路走。鸭子还知道害臊……"这是多么形象的描写啊！

《"妈妈教我放鸭子"》全文基本上用的是第一人称写法，使人感到亲切，但这种写法有难以驾驭的一面。专访更多的是运用问答式的写法，或用第三人称写法，或用解读式或散文式的写法，都是可以的。

第24问：人物通讯中怎样描写人物

在写人物通讯时，常常会对采访对象有一段描写，写出这个人物的模样、容貌、气质，使读者如见其人。

描写人物从何入手

人物通讯描写从哪里入手呢？可以选择的有很多：服装、身材、肤色、头发、眉毛、耳朵、鼻子、牙齿、颧骨、嘴唇、下巴、脖子、手指、胡须、动作、精神状态等，都可以描写。关键是要抓住这个人物最主要的特征和精气神，这个人与普通人的不同之处，才能刻画到位。如这个人的胡须最有特点，就写胡须；眉毛最有特点，就写眉毛。在众多的选项中，抓住四五项就可以了，不必一概都写。

我们来看以下这段对鲁迅形象的描写：

> 他的面孔黄里带白，瘦得教人担心，好像大病新愈的人，但是精神很好，没有一点颓唐的样子。头发约莫一寸长，显然好久没剪了，却一根一根精神抖擞地直竖着。胡须很打眼，好像浓墨写的隶体"一"字。

这段描写对鲁迅的选项是肤色、身材、头发、胡须，反映出鲁迅呕心沥血的工作态度和不屈不挠的斗志，也在为鲁迅的健康状况担忧。读了这段文字，读者的眼前就会出现一个活生生的鲁迅形象。

记者斯诺在《西行漫记》里是这样描写刚见面的根据地贫农会主席的：

> 这时我发现他确实是个长得很英俊的小伙子，皮肤黝黑发亮，牙齿整齐洁白。他好像同中国其他地方的胆怯的农民不属于一个族类。他那一双炯炯有神的快乐的眼睛含着一种挑战的神情，他还有一定的吓人气派。他的手慢慢地从枪柄上移开，脸上露出了笑容。

这段对贫农会主席的描写，其选项为容貌、皮肤、牙齿、眼睛、动作，写出了根据地基层干部的干练、自信、威武。

短短的几笔就要勾画出一个人物的形象，不是一件容易的事。写作时要反复考虑，去掉那些无特征的，保留那些有特征的，才能奏效。

作家尹相如的《平民雕塑》一文，是这样描写护鸥使者"海鸥老人"吴庆恒的：

> 每天都可以看到这位背有些驼的老人，头戴褪色的帽子，身穿褪色的蓝布衫，背着一大口袋鸥粮到翠湖喂海鸥。他的鸥粮是自制的，由面粉加鱼虾粉混合而成，海鸥特别爱吃。他把一团团鸥粮一字排开放在石栏上，一一叫着他给红嘴鸥取的名，呼唤它们前来就食，就像呼唤自己调皮的孩子。

以上这段描写抓的重点是老人的节俭与大方。他对自己很节俭，两个"褪色"的描写，足以证明他的生活很平常。把"褪色""背有些驼"与"背着一大口袋鸥粮""呼唤它们前来就食"相对照，写出了老人热爱生活、热爱红嘴鸥、充满爱心的优秀品格。

描写人物为突出品格

人物描写不是为描写而描写，而是通过描写表现出这个人物的身份、地位、思想、品格、职业、生活状况。在写作过程中，有时也可以用综合手法来写。我们来看以下这段描写：

> 一年四季，他身穿补丁衣，脚穿打掌鞋，跟社员一样晒太阳，一样受风霜。夏日的骄阳把他黑色的衣服晒褪了色，蓝色的衣服晒得发白。他站在社员群众中，外人根本分不清谁是书记，谁是社员。无论到哪里，他总是一个布背包，一辆自行车，一副劳动工具。走到哪里，哪里就是办公室，哪里就是宿舍。

这样的综合描写，用的时间是"一年四季""夏日"，地点是"无论到哪里"，写出了一位一心为民的村支书的形象。

在人物描写中，可以先写一些第一印象的外表特征，然后抓住关键特征再写。有一篇写孔东梅的通讯开头分为3小段：

> 白色西装，黑色短衫，白色凉鞋，烫过的短发，略施粉黛的面容……她的外表上处处显露出细腻和精心。
>
> 慢慢搅动咖啡的她，乍看起来似乎没有什么特别的地方。然而，她下巴上那颗极具特征的痣，又似乎注定了她的不普通。
>
> 她就是毛泽东和贺子珍的外孙女，毛泽东长女李敏的女儿——孔东梅。

这种写作手法是先说一些平常的话，再用第二小段笔锋一转，让人物闪亮登场。如果上述文字中只有第一小段与第三小段，而缺少第二小段，那样的描写就显得平淡了。

寥寥数语也能奏效

在人物描写中，有一二百字的，也有寥寥数字的。用得好，效果同样不错。比如：

宋健依然像过去担任中国科技界主帅时那样神情灿烂，满面红光。

李岚清着深色西装，气质儒雅……

这位现年69岁的物理学大师身材高大，目光炯炯，富有大丈夫气魄。

记者见到的李昂，瘦瘦的、一头短发，干练而坚毅。

她个头1.6米左右，一袭藏青色的职业装套在橘红色毛衣外，很喜欢笑，一笑，眼睛弯成了月牙儿。

如今，他风采依然，思维敏捷，笑声朗朗。

83岁的廖静文，虽然瘦削却依然皮肤白净，秀发乌黑，五官清秀。

在上述描写中，写得较多的是脸色、身材、发型、眼睛、着装、神态等。抓住了这几条，就基本掌握了人物描写的要领。

要描写好人物，主要靠观察，然后要综合分析，选好角度，用好词语，经过多次练习之后，就能写出生动鲜明的人物形象。

附：读报笔记——人民日报社记者怎样写人物通讯

为了写好人物通讯，一些记者和通讯员进行了认真的专访，也找了不少背景材料，但是，有时写出来的稿件只是好人好事表扬稿，把几件好事串一下，便成了一篇文章。这样写，对人物的内心思想挖得不够深，概念化、形式化的东西比较多，难以给人留下深刻的印象。

怎样才能写好人物通讯？我们从人民日报社记者所写的稿件中可以学到不少方法。

一、开头精彩夺目——写人物通讯，一定要有一个好的开头。写通讯不像写消息那样把5个"W"往那里一摆就成功了，通讯的开头灵活多样，既要找准切入点，又要与文章的整体协调。

《人民日报》2016年12月25日刊登的记者马跃峰写的通讯《老郭脱贫记》，曾获第二十七届中国新闻奖一等奖。通讯的开头先声夺人，一下子就引起了读者关注：

　　贫困户吃低保，别人争得面红耳赤，老郭却总想让出去："脱贫靠劳动，不能躺在'政策温床'上！"

短短的三十几个字，写出了老郭直率的性格、坚定的意志和脱贫的决心。这样的老郭，遇到再大的困难也能克服，贫困的帽子一定能摘掉。接着，通讯讲述了老郭经历的生活关、生产关、科技关、销售关，写出了一个活生生的脱贫致富的老郭。

这篇通讯并不长，才1000多字，紧紧抓住"政策兜了底，脱贫靠自己"这条主线，从一个典型出发，写出了当代农民脱贫致富奔小康的画面。

人民日报社记者董宏君写的通讯《沈岩：从技工到院士》开头是这样的：

> 沈岩，说话快，反应快；乐观、豁达，直来直去；兴趣爱好广泛。
>
> 新春之际，来到中国医学科学院沈岩院士的办公室。像熟人一样地打招呼，沈岩坦率、透明的眼神，带给人温暖亲切的气息。

这样的开头，用最短的文字概括了人物的外貌、性格、脾气、爱好，给人以总体印象，再往下写就顺理成章了。这种"提纲挈领"式的写法，为进一步描述人物内心打下了基础。

二、问答自然到位——通讯中免不了要有问答。这些问题，有的是记者预先准备好的，有的是临场发挥的。不论是什么问答，都应当自然、连贯，不生拉硬拽，不脱离主题。问得要得体、深刻，答得要到位、明白。这样的自然谈吐最受读者喜爱。

《人民日报》（海外版）记者孔晓宁、赵永琦在采访全国政协原副主席、水利专家钱正英时，提出了这些问题：

> 您从事水利工作这么多年，经历过很多很有意义的事情，有没有想过把它们写下来？
>
> 西大海子水库是什么时候建起来的？塔里木河下游又是何时断流的？
>
> 您曾对人说过，您一辈子与水打交道，有许多经验教训，其中令您印象最深刻的是什么？您能不能谈谈自己最突出的人生感悟？

在这些问题中，有总体上的、专业上的、思想上的，既有意义，又很活跃，被钱正英称为"逗得起我兴趣的问题"。

《人民日报》（海外版）2005年8月29日刊登过一篇通讯《马克昌：法学大师爱诗书》。此文不仅谈到了依法治国，还谈到了古诗词。其中，有一段马克昌与记者的现场对话很精彩：

> 听说记者也好此道（指古诗词），马克昌放下手中茶盏，"我考考你——人常道'司马文章元亮酒，右军书法少陵诗'，元亮是谁？"
>
> 记者琢磨了半天，老老实实承认：不知道，请先生赐教。马克昌轻轻拍了下扶手，说：元亮，就是陶渊明哪。

记者与采访对象的对话能够达到如此融洽的地步，这样的采访必定是成功的。

三、描写围绕主题——人物通讯中的描写主要是描写人物和描写环境，在这两方面都要下功夫。

人物描写可以写这个人的外貌特征和动作、神态，从外貌中体味这个人的性格。环境描写可以写建筑、室内装饰，也可以写室外院落、高山河流等。通过这个人所处的环境来反映这个人的背景与处境。

不论何种描写，描写的基本方式是白描，用词优美而不夸张，造句生动而不做作，情景结合的描写方显出写作的技巧。

在写海军大连舰艇学院教授方永刚的人物通讯中，对他的描写是"渤海湾的晨曦映着一个攀登的身影"。

在写长春军分区原副司令员，回乡带领乡亲致富奔小康的李守发时，是这样描写的：

青山满目，夕阳脉脉。

这是一个老兵的第二战场，一名退休干部的常青本色，一位共产党员的坦荡胸怀。

在写登封市公安局长任长霞的长篇通讯中，环境描写表达了人民群众内心的悲痛：

细雨绵绵，如泣如诉，灵堂已撤，诗墙依旧。

嵩岳无言，颍水低徊。雨像泪一样飘洒，泪如雨一般倾诉。

这些情景融合的描写，把读者带入对英雄模范人物的敬仰之中，起到了为文章主题服务的目的。

四、细节具体生动——写好细节是人物通讯中必不可少的一环。一些人物通讯最感人的地方就是细节。发现细节、抓住细节、写好细节不是件容易的事。

在写任长霞事迹的通讯《百姓心中的丰碑——追记公安局长的楷模任长霞》中，有一处细节很生动：

记者在任长霞办公室的洗面台上发现，她的玉照下也有不少女人化妆用的必需品。一瓶忘记拧盖的化妆品仍散发着淡淡的芳香。

很明显，这一细节足以说明了任长霞不但有钢铁意志，而且也是一个爱美的人。

在写数学家陈景润的通讯《陈景润精神魅力永存》中，有一段写道：

春节前，他（陈景润）常给看望他的同行、领导唱"小草"这支歌，他说自己要像小草一样奉献给春天。

把著名数学家与唱歌联系到一起，似乎很远，但又很近。正是这一细节，反映了陈景润的乐观与朴实。

五、结尾意犹未尽——人物通讯的结尾很重要，切不可草草收笔。古人所说的文章要有"豹尾"，指的是要有力，叫得响，有回味。请看以下4条人物通讯的结尾，是对通讯中的人物很好的总结，可供借鉴：

走上归途，天色已晚；不过可以依稀看见，近处的树枝在料峭春寒中已经抽出鹅黄的新绿……

时间不早了，该我们说道别了，他再一次伸出温暖的双手，笑呵呵地说着再见。他那挺拔的身影，与那棵百年古枫一道，定格在了我们的数码镜头里。

这既是他对自己走过的人生道路的小结，对自己在历史舞台上的定位，也表明了他一生所追求、所信服的志业。所谓"吾道一以贯之"，这种价值追求或者说"对自己的认识"，伴随了江平的学术生命与人生历程。

告别时，我们说，于老多保重，等百岁生日时，我们一定来拍照。于老一边拱手一边认真地说：我不过百岁生日，我要出百部著作。

第25问：如何把消息改为通讯

通讯员小刘写了一篇企业施工现场的消息稿，领导看了后，让他改为通讯，他很犯愁，让笔者出出主意，想想办法。

为此，笔者提了一些建议，供他参考。

以同一题材为例，请看两者的不同

消息和通讯是两种不同的新闻体裁。我们试以1997年香港回归祖国的报道为例来加以说明。

1997年7月1日，香港回归祖国，这是一件大事。当天的《人民日报》发表了一篇消息与一篇通讯。一对比，可以看出有许多不同点。

一是标题的写法不同。消息标题的正题是《中英香港政权交接仪式在港隆重举行》，通讯的标题是《不夜的香港——民间万众欢庆回归》。

二是文章的开头不同，但都写出了香港回到祖国怀抱的主题。

消息的开头是：

> 1997年7月1日零点，中华人民共和国国旗和香港特别行政区区旗在香港升起，经历了百年沧桑的香港回到祖国的怀抱，中国政府开始对香港恢复行使主权。

通讯的开头是:

有这样一个传说:香港太平山上的那只石龟会走路,什么时候走到了山顶,香港就会回到祖国的怀抱。

三是文章的结构不同。消息的结构是导语加上按时间顺序写出交接仪式的全过程。通讯分为3个小标题:"神圣的时刻""欢腾的香江""真诚的祝福",分别撷取街景、饭店、文艺晚会、公园等处的感人场景。

四是文字描写的方式不同。消息是叙述为主,而通讯中则有抒情、议论等手法。

五是字数不同。消息为2500字左右,通讯则长达6000余字。消息写的是会场上的情况,通讯写的是会场外的情景,两者相得益彰。

消息改为通讯,可从三方面入手

在写作时,先要从概念上弄清楚什么是消息,什么是通讯。消息是以最直接、最简练的方式报道新闻事实的一种新闻文体,是最经常、最大量运用的报道体裁,其特点是报道最为迅速、最为简洁、时效性特别强,报道新闻事实的方式是突出重点。通讯是一种比消息更详细生动报道客观事物或典型人物的新闻体裁,是消息的延展性报道,在内容、时间、空间上都可以加以延展。

把消息改为通讯,可从以下三方面入手。

一是标题要改。新闻标题是以最简短的文字写出新闻内容的语句,具有概括性强、引人注目的特点。然而,消息的标题与通讯的标题具有不同的风格。

同一主题的文章,由于用了不同的新闻体裁,标题的写法是不同的。比如,当年跳水运动员高敏在奥运会上获金牌,消息的标题是:

奥运中国健儿又传佳音
跳水名将高敏为我赢得第三枚金牌

这个标题标出了新闻事实，告诉读者新近发生的事情，主语是"跳水名将高敏"，用了"赢得"这个动词，结果是得到第三枚金牌，是叙述完整的一件事。

通讯的标题是：

蜀中姑娘多泼辣
——高敏铸造金牌之路

这个标题的正题中带着感情，发表议论，是对高敏的评价，在副题上表明她奋斗的历程。

由此可见，消息的标题为主语加谓语结构，有的还带宾语，是一个完整的句子，常常表达出时间、地点、事件等新闻要素。而通讯的标题则灵活得多，可以标出动态事实，也可以不标出，较多的是用静态的词语，有的标题上没有动词。

通讯标题有一行题、两行题，正题为提炼出的文章内容的社会意义，副题为对报道对象信息的说明。

二是文章的结构要改。消息的结构一般开头是导语，然后就是主体—背景—结尾。这样的结构不能成为通讯的结构。通讯的开头一般不用倒金字塔式的写法，有的可以用传说故事开头，有的可以用至理名言开头，有的可以用人物语言开头，有的可以用作者亲身感受开头……总之，通讯的开头可以多种多样、多姿多彩、不拘一格。通讯的结构也可以多样化，有纵式结构、横式结构、时空交错式结构等。

三是语言的运用要改。消息一般采用叙述的手法，抒情、议论的手法也可以用，但用得较少。通讯的表现手法要比消息多。通讯可以吸取大量的文学因子，通过叙述、描写、抒情、议论等多种手段和方法，详细、深入、生动、形象地报道典型人物和事件。

在背景材料的运用上，消息用得少而精，通讯用得多而实。这样改动之后，通讯的字数就会比消息多。

小刘参照上述建议，把消息改成了通讯，文章得以通过。他也经过这一次练习，学到了一些新闻写作的技巧。

第26问：你会写这7种通讯吗

通讯是在报道中常用的一种文体。

什么是通讯？通讯是比较详尽、生动地报道新闻事件或人物的新闻体裁。通讯的容量大、写法活，有故事、有起伏、有细节，经常运用叙述、描写、抒情、议论等多种手法。

常见的通讯有7种：人物通讯、工作通讯、事件通讯、概貌通讯、集纳通讯、新闻特写、小通讯（含速记、新闻小故事）。了解并学会这7种通讯的写法，可以摸清其中的规律，在工作中得心应手地运用。

人物通讯

人物通讯是用来展示典型人物先进事迹和形象的一种新闻体裁。人物通讯包括专访、访谈录、答记者问等形式。

写人物通讯首先要选好"主角"，把采访对象找准。能够成为采访对象的主要有以下几种人。

一是英雄模范人物，如雷锋、焦裕禄、王进喜、孔繁森、任长霞等。

二是政府官员和各企事业单位领导，上至中央领导、省市领导，下至各单位主要负责人。

三是各界精英人物、劳动模范，如科学家、企业家、运动员、演员等，只要他们为社会做出了杰出贡献，都可以采访。

四是普通平凡人，如环卫工人、保安、厨师、公交司机、售货员等，关键是要在平凡的工作中做出不平凡的事迹。

五是有争议的人物，以及反面人物，对这些人的报道要对社会有启迪作用、警示作用。

人物通讯既要写事迹，又要写思想，要写出人物的性格特征，突出人物的时代风貌，才能增强感染力，对读者有启迪作用。

参考文章：

《县委书记的榜样——焦裕禄》(《人民日报》1966 年 2 月 7 日)

《毛主席的好战士——雷锋》(《人民日报》1963 年 2 月 7 日)

工作通讯

工作通讯是总结地区、单位新近一段时间内的工作成绩与经验的通讯报道。

工作通讯不同于工作总结之处主要有以下 4 点。

一是时效性不同。工作通讯讲求最新时效，而不是"改革开放以来……""一年来……"。

二是工作通讯不但对本单位有针对性和指导意义，对其他单位也有启发作用。

三是工作通讯重点突出，比较精练，不像工作总结那样面面俱到。

四是写作手法不同。前者是通讯的写法，后者是公文的写法。

参考文章：

《"五点一线"兴辽宁》(《人民日报》2007 年 4 月 4 日)

《精准脱贫的"延安答卷"》(《人民日报》2016 年 3 月 21 日)

事件通讯

事件通讯是反映具有典型意义的新闻事件的通讯报道。所写的事件必须有新闻性，不能事过境迁，相隔太久。比如，对地震、洪水、火灾、抗疫等事件的报道，对时效性的要求是比较高的。

事件通讯中的"事"，应当具有典型意义，如假酒案、儿童遭受意外伤害、矿难等，都是社会热点，是受众所关心的。报道时，必须把事件的来龙去脉讲清楚，把原因分析透彻，把经验教训总结好。

参考文章：

《为了六十一个阶级弟兄》（《中国青年报》1960年2月28日）

《追问紫金矿业污染事件》（《人民日报》2010年7月14日）

概貌通讯

概貌通讯是着重记叙社会变化、风土人情和建设状况的通讯报道。

概貌通讯中的"概"字，说的是写作是有重点的，不是全面介绍，不要写成游记或地区介绍。

概貌通讯反映的是新面貌、新气象、新思想，不是写历史。历史可以作为背景材料用上，但不是报道的主体。

在写概貌通讯时要抓住一个"变"字，从新旧变化中反映时代的进步，在强烈的反差中增强报道的感染力。

参考文章：

《新唐山扫描》（《人民日报》1991年7月26日）

《今日大寨》（《人民日报》1985年10月5日）

集纳通讯

集纳通讯是围绕一个主题同时报道一组新闻人物或事件的通讯。

在人物集纳通讯中，可以将一组相同或相近身份、职业、性格的人加以组合，在一篇通讯内完成。事件集纳通讯可以围绕一个相同的主题，把几个典型的事件放在一篇通讯中。

参考文章：

《抗疫一线 共产党员群英谱》(人民网 2021 年 8 月 12 日)

《鹰厦铁路纪行》(《人民日报》1956 年 12 月 10 日)

新闻特写

新闻特写是抓住新闻事实的某个空间或时间，对事件或人物做出生动形象的报道。它采用的是截取事实"横断面"的方法，特点是现场感强，文风生动活泼。

新闻特写的"镜头感"和"立体感"特别强，能让受众有亲临现场之感。

参考文章：

《红场易旗纪实》(《人民日报》1991 年 12 月 27 日)

《难忘的时刻——小平同志会见最后一批外宾侧记》(《人民日报》1989 年 11 月 14 日)

小通讯（含速记、新闻小故事）

小通讯的特点就是短小精悍，是在讲一个故事，通常表现一件事情，线索比较单一，文风明快，字数一般不超过 1000 字。

参考文章：

《虎林笑看虎怕牛》(《人民日报》1996 年 8 月 19 日)

《华阳礁上补给忙》(《解放军报》1989 年 11 月 21 日)

第27问：写出一篇好文章要走好哪四步

写文章既难又不难。难，是因为无从下笔，无物可写，思路枯竭，内心抵触。不难，是指掌握了一定的方法之后便可轻车熟路，马到成功。

那么，怎样由"难"转为"不难"呢？

以许多优秀写作者的经验来看，走出以下四步，就可以写出一篇好文章。

第一步：感受

写作首先要找到感觉。这种感觉来自作者对外界和记忆中事物的充分感受。这种感受既是身体上听、看、闻、触的感受，又是心灵上喜、乐、苦、忧的感受。

写作者通过观察、阅读与思考，把掌握的大量材料在头脑中"发酵"，经过消化、加工、吸收，变成养分，变成写作的题材。这样，一旦写起文章来，就会轻车熟路，一帆风顺。

吴道子是唐代著名画家。有一次，唐玄宗派他先去蜀地写生，再回到宫中作画。吴道子到了四川后，看尽山山水水，从映入眼帘到印入脑海，但他并没有在实地画上几笔。回到宫中，唐玄宗要他拿出写生稿，吴道子说，我一张也没有画，都装在心里了。唐玄宗大怒，便要他当场在大殿内作画。由于吴道子赴蜀之行感受颇深，把风景一一记在心中，从而胸有成竹，仅用一天时间，便画成了一幅极为壮观的《嘉陵江三百里风光图》。唐玄宗见后转怒为喜，连连称好。

吴道子为何能达到这种境界？就是因为他在动笔前早已把细致观察得来的丰富的素材汇入心中，有了强烈的感受，所以画出了经典作品。

绘画如此，写文章也是如此。只有感受到的东西，才能更好地反映它。

第二步：构思

构思，就是要想一下自己要写的文章是什么内容，是写给谁看的。构思包括文章的立意、炼意、选材、用材、布局等。对于这些，要做好思想上的准备。如不做思考，拿起笔就写，往往会写了几句就写不下去了。

王勃在写《滕王阁序》时，先精心构思，打好腹稿，在别人饮酒之时，他就考虑选材、用材、立意了。所以，当要他作文时，便能一气呵成写出千古奇文。关汉卿写《窦娥冤》，是为了鞭挞百姓受欺、坏人得逞、官贪吏虐、枉断屈斩的黑暗社会现象，喊出人民心中的愤怒。曹雪芹在写《红楼梦》时，他的构思是要反映一个家族和一个社会的衰落。鲁迅写《孔乙己》时，是想要批判科举制度的罪恶。

正因为构思完善，这些作家写起文章来如行云流水，痛快淋漓。

第三步：主题

主题是文章的灵魂。对主题的基本要求是正确、鲜明、深刻、新颖。文章既要观点正确，又要有一定的思想深度，让读者得到启发。一味重复官话、套话、废话的文章，往往主题不突出、不鲜明，会犯"一般化""炒冷饭"的毛病。

陶渊明的《桃花源记》就是一篇主题鲜明、深刻、新颖的文章。作者生于东晋，对秦汉以来战乱频繁、社会黑暗的状况有切肤之痛，对百姓所希望的有平静安乐的生活同样抱有期望。正因为这种想法，作者把对现实的批判与对美好的向往结合起来，融入了对桃花源故事的描写之中。人们读了之后，方觉意味深长，独具匠心。这种把主题融于故事中的写作手法，值得学习借鉴。

为了突出主题，写作时就要去掉一般的叙述与例子，突出最有典型意义的例子。作家魏巍当年在抗美援朝战场采访时是随军记者，亲眼看到志愿军战士英勇杀敌的场景。为了写好志愿军，他采访了 20 多位战士，写了一篇《自豪吧，祖国》的通讯。当他把稿子写成给大家看后，大家都说写得不好。为什么辛辛苦苦写了 20 多个例子的文章效果不好？魏巍开始沉思这个问题。过了两天，他猛然醒悟，原来毛病就出在例子堆得太多，好像记账，哪一个也未说清，哪一个也不充分，哪一个也不感人。

于是，他从 20 多个例子中只选了 5 个，后来又删去 2 个，只选取松骨峰战役、火中救孩子、防空洞里吃雪和炒面 3 个材料来表现主题、歌颂英雄。写出《谁是最可爱的人》一文后，反响强烈，震撼人心。魏巍在总结写作经验时说："用最能代表一般的典型例子，来说明本质的东西，给人的印象是清楚明白的，也会是突出的。"

第四步：锤炼

锤炼的意思是，好文章必须锤词炼句，修改润色，以达到赏心悦目的境界。如果把一篇文章看成一台机器的话，那每一个字、每一个词都是这台机器上的一颗螺丝钉。每一个零件都精良、标准，整台机器运行才能顺畅。人们常说，写文章要字斟句酌、反复推敲，就是要让文章达到简练而生动的效果。

欧阳修写《醉翁亭记》时，一开始，文章开头把滁州东南西北四周的山都写到了。后来，经过反复斟酌，只用了"环滁皆山也"5 个字，便把滁州四面环山的地貌特征写出来了。

文章写好初稿后，改稿是必不可少的环节。修改文章的过程是作者认识进一步深化的过程，是使文章主题更鲜明、选材更恰当、用词更巧妙、布局更合理的过程。

战国时期，秦国的吕不韦主编了《吕氏春秋》这部巨著，全书共有26卷。编完后，吕不韦还是担心书中可能有不当之处，会让后人耻笑。于是，他在咸阳城内摆开上百个书案，上面放着《吕氏春秋》文稿，并宣布：如有人能给文稿恰如其分地增加或删减一个字，马上可得千金奖赏。他的这种锤词炼句的精神，值得后人学习。

修改文章应改什么？结构可以改，标题可以改，语言可以改；既可以自己改，也可以请他人改；既可以刚写完时趁热打铁改，也可以经"冷处理"后再改；既可以看着文章默读改，也可以大声朗读、边读边改。

总之，其目的是把写文章的这个最后环节完美收官。

感受—构思—主题—锤炼，当你走好了这四步之后，你的文章自然就成为一篇好文章了。

第28问：文章怎样结尾

写好文章的结尾，十分重要。一个好的结尾会给读者以美好的回味、丰富的想象，加深对文章主题的理解。因此，必须予以充分重视，力求完美。

俗话说："编筐编篓，全在收口。"一个好的作品应当有头有尾，而不能虎头蛇尾、草草收尾。古人说，文章要"凤头、猪肚、豹尾"，说的是文章开头要像凤头那样靓丽夺目，中间要如猪肚那样充实饱满，结尾要像豹尾那样雄劲潇洒、响亮有力。

"好的结尾，有如咀嚼干果，品尝香茗，令人回味再三。"写出一个言简意赅、富有哲理的结尾，是作者思想与写作功力的体现，也是读者所喜闻乐见的。

以下7种文章结尾的方法可供借鉴。

首尾呼应法

这是文章中常用的结尾方法。

笔者的校友杨良化在《南极，请你作证》一文中，开头是这样写的："南极，你这遥远、荒凉的冰雪大陆，如今竟和我们离得如此之近！是什么力量，把千百万中国人的心带到了南极？"

在文章的结尾时，他写道："让全世界好好看一看吧，英雄的中华儿女是怎样的一群地球公民！南极，你可以作证！"

这种首尾呼应的写法，紧扣主题，把"中华儿女"与"南极"相连，说出了人民的心声。

感悟哲理法

这种方法是作者通过对人生的感悟，写出富有哲理的句子收尾。

鲁迅《故乡》一文的结尾是："我想：希望本是无所谓有，无所谓无的。这正如地上的路；其实地上本没有路，走的人多了，也便成了路。"这是鲁迅对人生的体验与感悟。之后，这句话成了至理名言。

毛泽东《纪念白求恩》一文的结尾是："我们大家要学习他毫无自私自利之心的精神。从这点出发，就可以变为大有利于人民的人。一个人能力有大小，但只要有这点精神，就是一个高尚的人，一个纯粹的人，一个有道德的人，一个脱离了低级趣味的人，一个有益于人民的人。"毛泽东总结了毫无自私自利之心的无比珍贵之处，把对白求恩的歌颂和对大家的勉励相结合，是对我们的谆谆教导。

直抒胸臆法

人民日报社记者郭嘉写的《为了世纪大阅兵》一文，结尾这样写道："仰望苍穹，战鹰矫健，威风八面；倾听大地，步履铿锵，车轮滚滚。听着那动人心魄的轰鸣声和脚步声，看着那排山倒海的磅礴气势，我们有理由相信，我军完全能够打赢可能发生的高技术战争。我军将时刻捍卫着祖国母亲的尊严！"作者尽情抒发自己的情感，为人民子弟兵的威武雄壮而自豪。

有一篇记载优秀少数民族干部牛玉儒的通讯，其结尾是："牛玉儒，你不曾离去！知你有共产党，爱你有老百姓。钢城记得你，青城记得你，黄河记得你，草原记得你！蓝天白云间将永久地留下你的身影，千里草原将永远流传着老百姓从心底呼唤你的悠悠回声！"

这种发自心底的呼唤，出自对英雄人物的崇敬与爱戴，表达了各族人民的心声。

总结归纳法

人民日报社记者戴鹏、徐运平在《百姓心中的丰碑——追记公安局长的楷模任长霞》一文中的结尾写道："大德无碑，大道无形。谁心里装着百姓，百姓就把谁刻上心碑！历史就这么公道！"

有一篇《如何看待山西经济负增长》的报道，在讲述了山西经济转型的做法后，文章结尾时写道："危机中毅然转型，转型中'绿色'当先，发展中民生第一。尽管转型之路注定不会轻松，却是必由之路。力图摒弃老路的山西，正努力在一条'阳关道'上实现转身。"

用概括总结式的语言复述全文的中心思想，简洁凝练，让读者加深了印象。

意犹未尽法

这种方法常用省略号结尾，给人以无限的遐想。

比如，人民日报社记者孙毅写的《难忘的时刻——小平同志会见最后一批外宾侧记》，文章结尾是："小平同志告别了他光辉的政治生涯，但人们永远不会忘记他……"

又如，在其他的一些人物通讯中曾出现这样的结尾："她告诉我们她正准备做的几件事。我们突然发现，她的心态，竟还那么年轻……""8年多的含辛茹苦，阿布力孜让一名生命垂危的弃婴过上了正常人的生活。他也给我们每一个人带来了许多许多……"

简洁自然法

人民日报社记者林里写的《深圳见闻》一文，结尾只有短短的 13 个字："特区，为有志之士开辟了新天地。"

人民日报社记者马利写的《夜宿新庭村》结尾很别致，又很简洁："这一夜，村民们忙着说，我这里忙着记，安静的山村春夜，变得热闹而活跃。"

有一篇纪念作家巴金的通讯，结尾更简洁，只有 9 个字："巴金，永远与读者同在。"

这种结尾干脆利落，简洁明了，既紧扣主题，又惜墨如金。

问号结尾法

结尾以问号结束，可以使文章立意更深、更远，引发人们的思考。刘禹锡的《陋室铭》就是以"何陋之有"的问句结尾的。

人民日报社记者潘非写过一篇《人狗之间》的文章，揭露了资本主义社会劳动人民生活的艰难状况。在文章结尾，作者写了即将举办的英国"第二届禽兽宴"：到那时"狗、猫、鸟、羊、马、驴、短鼻鳄鱼，将和……最著名的人物共同进餐"。作者在结尾只有一句话："真的，这将是个什么样的'宴会'呢？"重重的一句反问，道出了作者的愤怒与对资本主义社会的鞭挞。

笔者写过一篇《莫把探险当"玩命"》的文章，结尾时向读者提出了一个问题："当你想参加'探险游'时，有必要再问你一句：'你真的准备好了吗？'"这种善意的提醒，是为了读者旅途中的安全，也是文章的主题。

总之，文章的结尾要巧，要稳，要有回味，要有力量。我们可以通过学习他人的手法受到启发，写出具有自身风格与特点的文章结尾。

写好文章的结尾，你就将成为写作的佼佼者！

第29问：文章中如何描写气氛

无论是新闻写作还是文学创作，都少不了对现场气氛的描写。

气氛有紧张的气氛、沉闷的气氛、轻松的气氛、庄严的气氛、和谐的气氛等。气氛描写是一项基本功，应当努力学习掌握。

如何表现气氛

怎样才能恰当而生动地把现场的气氛写出来呢？

如果写紧张的气氛时，只会写"惶惶不安""惊恐万状""杀气腾腾"；如果写轻松的气氛时，只会写"生动活泼""互相关心""团结快乐"；如果写会场的气氛时，只会写"人山人海""热闹非凡""锣鼓喧天"，那只是用了一些相关的词语，虽然也不算错，但还是不够具体，不够生动。

如果能够用上一些比喻、描写、感受，写气氛就会生动许多。

比如，写紧张的气氛，是否可以这样写：

气氛紧张得如黑云压城城欲摧。

气氛紧张得好像划一根火柴就会立刻爆炸似的。

比如，写和谐的气氛，是否可以这样写：

春日的阳光笼罩着一片宁静和睦的气氛。

原野静悄悄，一群群吃饱了碧油油嫩草的牛羊安卧在阳光之下，这是一片多么安适宁静的田园气氛！

写气氛，应当根据观察到的现场景物以及体验到的心情来写。观察要细，体验要深，写出来的气氛就"活"，就有生命力。

名家如何写气氛

让我们来看一下一些知名作家是怎样写气氛的。

写紧张的气氛：

斯诺在《西行漫记》中讲述 1936 年 6 月西安事变前西安的气氛时是这样写的："西安府的监牢里关着大约三百名共产党员，蓝衣社还在继续搜捕。当时空气极度紧张。到处是特务和对方的特务。"

冯德英在《山菊花》中描写北大街上的气氛时是这样写的："当她进了北大街，感到一片恐怖气象：人们张皇不安，交头接耳，有的向街两边躲闪，更多的朝前涌。"

曲波在《林海雪原》中讲述夹皮沟的气氛时，写道："夹皮沟的空气越来越悲观，人们的情绪越来越紧张。民兵们弄了些大棒子，每家发了几条，准备匪徒来时好拼命，都准备着大祸临头时来一场厮杀。初六日的晚上简直紧张到顶点，全屯的成年人老年人几乎没有一个睡觉的。"

写热闹的气氛：

茹志鹃在《三走严庄》中写村民们看文工团表演时，有这样的描写："我到底把文工团拉了过来，并在村中的一块谷场上拉开了场子。锣敲起来，鼓打起来，弦子一响，歌声飞扬，孩子们跑来了，爷们娘们走出来了，人们笑起来，拍起巴掌来，村里那种死水样的寂静，被冲得干干净净。"

冯德英在《苦菜花》中这样描写春耕的热闹景象："满山遍野吵吵嚷嚷的。那大声吆喝牲口的吼叫，震撼山腰的尖脆皮鞭声，伴奏着歌声，成为一支高旋律的交响曲，像是整个山野都在抖动，都激荡在春耕的漩涡中。"

三个"写进去"

从以上这些关于气氛的精彩描写，我们可以受到什么启发呢？

一是写气氛要把"人"写进去。气氛是人所处的环境的产物。因此，写气氛时常常会把"人"写进去。"人山人海""车水马龙""恐慌不安"等气氛中，都有人的存在。

在上面所举的名家语句中，出现的人物有市民、村民、民兵、成年人、老年人、孩子等。正是这些人物的喜怒哀乐，把气氛写活了。

二是写气氛要把"声"写进去。声音，是表现气氛的重要一环。"锣鼓喧天"是热闹的声音，"窸窸窣窣"是细微的声音。声音的大小不同，有时甚至被压制到"静悄悄""万物静寂"的地步。有的作品中写寂静时这样写："静得针落地的声音都能听见。""静谧得能听见自己的血液在流动。"这叫作"此时无声胜有声"，把声音写到了极致。

在上面所举的名家语句中，出现的"声"有人们交头接耳的说话声、锣鼓声、弦子声、鼓掌声、吆喝声、尖脆皮鞭声、歌声等，把气氛烘托到使人如闻其声、如临其境的地步。

三是写气氛要把"感受"写进去。文章要有感而发，作者对气氛的感受是十分关键的。比如，"如箭在弦，一触即发""严肃的气氛""和睦的气氛""沉闷的气氛"等，都是作者的一种感受。在文章中，把这种感受写进去，可以使读者随着作者的思路进入角色，感同身受。

在上面所举的名家语句中，出现的"感受"有"当时空气极度紧张""感到一片恐怖气象""夹皮沟的空气越来越悲观""村里那种死水样的寂静，被冲得干干净净""像是整个山野都在抖动，都激荡在春耕的漩涡中"。这些带有概括性的"感受"，是观察体验后对气氛的一种理性描述，值得借鉴。

有了这三个"写进去"，就能把文章中的气氛写活、写好。以后，你在写气氛时，不妨一试。

第30问：写好会议新闻有何妙招

写会议新闻很容易雷同、老套、乏味和缺乏创新，不同的会议写出来几乎是同一个模式，没有什么新意，读者也不爱看。

怎样才能突破这个困境？这是摆在记者和通讯员面前的一道考题。

世上无难事，只怕有心人。在采访会议时多动脑筋，主动出击，就没有攻不破的堡垒。以下4个方法，不妨一试，相信会有好的效果。

提前到，最后撤

采访会议的记者除了准备好采访提纲和用品外，必须提前到达会场。有的记者匆匆赶到会议厅时，会议已经开始了。这样就失去了会前的采访黄金时间。

会议代表入场一般都会提前半个小时或15分钟。在这段时间内，可以抓紧进行个别采访，有时候会得到许多有用的材料。记者早到会场还可以了解会场的布置与气氛，也可以在与工作人员的交谈中获得有用的信息。对于摄影记者来说，可从容地选择最佳的摄影位置，拍出理想的会议照片。代表们进场时的签到、领取文件资料、互相交谈等，也都是可以拍摄的场景。

有的记者因工作繁忙，有时开会开到一半时，就拿起会议通稿匆匆离场了，这是一个不好的习惯。既然你来采访这次会议，就应当有始有终，坚持做到最后撤。因为在会议中途及会后，常常会发生一些意想不到的情况，都可能成为新闻。1982年撒切尔夫人在人民大会堂的台阶上不慎摔倒的情景，就发生在会谈结束后。那位记者坚持最后撤，才拍到了这张照片。

拿到会议通稿就走的记者，是写不出优秀的会议新闻稿的。

重新闻，轻程序

采访会议新闻，要把着眼点放在"新闻"上，而不能只放在"会议名称""会议程序"上。会议名称和会议程序是需要报道的，但这不是会议新闻的重点。

为什么有的报道会出现"会议新闻无新闻"的状况？

一是标题做得不好，太"大路货"。比如，"我公司召开2021年上半年工作总结会""集团召开安全生产表彰大会"，这样的标题只是告诉读者召开了什么会议，而没有把会议的精神和内容加以传达。

二是导语中出席会议的人名和职务太多，没有把会议最精彩的内容写上。比如，常用的会议新闻导语写法是，几月几日在某地召开了什么会议，参加会议的有某董事长、某总经理、某副总经理、某主任、某先进人物代表等一大批名单，会议由某人主持，等等。有的还在导语中写了详细的会议议程。这样的导语，形式上是完整了，但缺少"新闻"内核。

三是会议新闻的主体部分写得比较空。大段地摘用领导讲话，平均使用力量，重点不突出。

会议新闻最应当重视的是"新闻"，是新的精神、新的亮点，是读者感兴趣的话题。努力在会议新闻中发现新闻、挖掘新闻，这正是记者需要下功夫的地方。

找故事，写人物

在会议召开的前后和会议进行期间，找几个好故事，写一两篇反映与会人员精神面貌的报道，不失为写好会议新闻的方法之一。

会议新闻要见物，更要见人。这里的"人"，可以是与会领导，也可以是普通代表。有的会议不仅有大会，还有分组讨论。在听取每一位代表的发言时，应摘要记录。对他们讲到的一些动人情景，应当特别留意。

写故事时，可以专门写一个人的，也可以写几个人的。只要这些故事是围绕会议主题的，就可以写成消息或通讯。这样写出来的报道，就是与一般会议新闻不同的独家新闻，使人耳目一新。

尤其是在各种表彰大会、经验交流大会、演讲比赛等场合，对那些感人肺腑的事迹应当追踪报道，不让它们湮没在一般报道之中。有些故事可以配上照片，更显得生动活泼，给人留下深刻的印象。

抓花絮，写侧记

写会议新闻，除了写会议整体的情况外，还可以写一些会议花絮。

比如，每年两会召开期间，报社有的记者与会采访，有的在场外采访，把会场内外的情况都加以报道，红花配绿叶，形成了报道两会的声势。

又如，有的记者写会议休会期间代表们参加各种活动的情景，如有的代表购物，有的代表打球等；有的记者写会议服务人员的辛勤劳动；有的记者写祖孙辈代表的与会心情，都取得了很好的效果。会议花絮短小精悍、轻松活泼，它只是撷取与会议相关的一件小事、一个细节来写，同样能反映出会议的主题。它使读者获得了会议上丰富多彩的信息，使会议报道增加了趣味性和可读性。

此外，练习写会议侧记也很有必要。侧记是记者在常规报道之外，专门针对会议写的记事性通讯。侧记不是全面记述，而是选取一个角度一边报道会议，一边就会议的精神展开议论，以回答读者对会议关心和感兴趣的问题。

侧记常用夹叙夹议的手法，有的还带有抒情色彩。它不仅能使读者更了解会议的经过和生动细节，而且有利于加深对会议精神的理解。比如，《满怀信心再出发——公司"两会"侧记》《天津市中小学文艺会演专场侧记》《汇聚磅礴力量 凝心砥砺前行——省十三届人大四次会议开幕侧记》《全国两会侧记：从春天出发 奋斗新时代》等，写作时把会议的具体材料和思想性的表达有机结合起来，因而达到了更具感染力和表现力的目的。

如何写好会议新闻？这是一个值得探讨的课题。为了使会议新闻摆脱枯燥呆板的状况，让会议新闻成为读者爱看的、有价值的报道，我们应当继续努力探索，不断创新。

第31问：新媒体新闻怎样写

与传统媒体相比，新媒体新闻有着自身的特点。研究并了解这些特点，对于写好新媒体新闻大有裨益。

从一般意义上来说，新闻应当有真实性、时效性、接近性、重要性、显著性、趣味性、可读性等特性。准确、鲜明、及时、生动、客观地报道新闻，是媒体人应尽的责任。

到了新媒体时代，传统的报纸、杂志呈消退之势，而以互联网技术为支撑的新媒体迅速扩张，成为新闻的主要载体。研究新媒体新闻的特点就提上了议事日程。

新媒体新闻的五个特点

新媒体新闻有哪些特点呢？除了有传统媒体新闻的特点外，它还具备在新媒体环境下产生的特点，主要有以下五点。

一是发布超快。传统媒体日报以"日"为更新期，杂志以"半月""一月""双月"为更新期。而新媒体以"分""秒"为更新期。这里刚发生火灾，一分钟内互联网上就呈现了相关新闻，有的新闻甚至是实况转播。时效性特别强，是新媒体新闻最显著的特点。

二是海量发布。传统媒体报刊受版面限制，广播电视受时间段限制，发布新闻的量基本是固定的。即使新闻再多，也很难多发。而新媒体新闻可以海量发布、频繁发布，其平台众多，表现形式多元化，信息量大，这是传统媒体无法相比的。正因如此，新媒体上的消息洋洋千言的甚少，而新闻网评和解读性的文章则字数较多。

三是传播更广。传统媒体的受众根据发行量和听众观众数计算，是比较固定的。而新媒体新闻通过转发，一传十、十传百，有些新闻的点击率可达百万、千万人次，甚至更多。而且传播的速度特别快，范围特别广，不但在国内传播，而且在海外传播。

四是互动性强。传统媒体虽有群众工作部、读者来信专栏，但反馈还是不够快。新媒体新闻一出来，网民即可实时评论，有的点赞，有的吐嘈，发布方与接收方信息直接对接，展开讨论。有些文章的跟帖水平很高，吸引了不少读者。

五是舆论发酵。在新媒体的环境下，由于互动与多次传播，会形成舆论发酵，迅速膨胀。这种情况有时好，有时不好。好的情况是可以引导人们弘扬正能量，起到监督作用。不好的情况是会形成盲目猜测，恶意传播，误导大众。

为新媒体写稿关注要点

认识了新媒体新闻的以上这些特点后，我们在为新媒体写稿时应当怎样写呢？

一是在语言的运用上要适合新媒体载体。除了要求客观、准确外，文稿必须精短，言辞提倡平实，应当注意让受众易懂，用词不要太生僻、太拗口。每段的文字不宜太长，句子也尽可能短些，以便于阅读。同时，文中可适当嵌入流行热门词语，如"给力""点赞""光盘行动""逆行者""教科书式"等，但要慎用含混不清的网络流行语。

二是报道要适合新媒体写作短、平、快的特点，可以多从微观角度切入。虽然宏观报道是需要的，但大多由新华社、《人民日报》及省报等媒体负责。作为企事业单位通讯员，可以更多地从贴近社会、与群众利益息息相关的点上去找新闻、写新闻。

三是多找、多写独家新闻。写新媒体新闻要少写通稿，多写独家新闻。即使在共性的事件中也要找到它的个性，找到你的媒体读者群感兴趣的内容。比如，外国某城市的地铁起火，此消息引起了国内网民的关注。于是，有的媒体由专家来谈我国地铁先进的报警系统和自动控制系统，有的媒体采访地铁建设者谈安全措施，但读者的关注度不够。有一家媒体则从地铁乘客最关心的角度——"安全""逃命"出发，写出了独家新闻《如果地铁起火——六分钟包你逃生》，通俗易懂，读者量大增。

四是标题要出彩，既要精练，又要承担更多的信息，以吸引受众。新媒体新闻的标题以单行题为主，长度一般在20个字之内，最长也不要超过30个字。标题以实题为主，尽量把事情说清楚，而且通俗易懂。为了吸引受众点击，在标题上制造悬念，使用设问、反问的方式也是可以的，但必须反对"标题党"。

新媒体新闻除了在写作上应有特色外，在编辑工作中也大有讲究。如专题的内容设计、图文的配合、网评的写作、短视频的摄制等，都要做统筹安排。总之，新媒体新闻的特点决定了在采访、写作、编辑时，相对于传统媒体来说，提出了更新、更高的要求。

为此，媒体从业人员和通讯员应当不断努力学习新媒体知识，才能更好地完成新媒体环境下新闻写作与传播任务。

第32问：怎样写好新媒体文案

从"广告"到"文案"

笔者在报社工作期间，做过一段时期报业经营工作，任办公室副主任，负责广告、发行，参加过工商部门广告培训班，是广告审查员，对传统媒体的广告状况有一定程度的了解，审批过许多硬广告和企业"软文"。

那时候，"广告"一词还是很热门的，部门就叫"广告部"，业务人员就叫"广告人""广告员"，一些报纸的广告是要排队刊登的。

后来，广告泛滥，报纸上广告版面太多，电视台广告时段太长，插播又多，人们对广告渐渐反感。"拉广告的"成了对接洽广告人员的普遍称呼。

进入互联网时代，"文案"一词吃香了。可以想象一下，坐在红木书桌前，做着案头的文化工作，多么优雅，多么有品位。

其实，新媒体文案就是企业或商家推广营销产品与服务的一种广告表现形式，它借助新媒体平台，用创意图文、视频对产品与服务进行描述，以增加客户，提高业绩。

与传统媒体广告的异同

新媒体文案与传统的报纸、电视台广告相比，许多地方是相同的，都要求真实、形象、简洁、吸引受众等。但是，新媒体文案也具有自身的特点。其主要特点是成本相对较低、推广力度较大、定位较精准、时效性与互动性较强。

此外，新媒体文案的表现形式呈现多样化特点，除文字外，还可以运用图片、动图、视频、超链接等进行灵活多样的组合，使文案在不同的网络平台得以展示。

新媒体文案可以根据不同主体的要求，通过微信公众号、微博、论坛、QQ群、直播平台等发布。有的文案是纯文字，有的可以是图片加文字，有的可以是视频加文字，少数还有用语音的。不论用何种形式，目的都是要引起受众关注。

新媒体文案有的是直接宣传推广，用的均是广告语，直白而真切。另一种则是"软文"，不是开门见山地介绍产品或服务，而是讲一个故事，讲一个道理，然后巧妙地植入想要宣传的广告内容。

如何写新媒体文案

在写作之前，先要做一番调研，了解要宣传的产品或服务的核心特点，收集好相关资料，分析市场现状，明确文案定位以及要达到什么目的。

有的文案策划人员在分析本单位产品特点时做出了以下提纲：

本单位产品的哪种功能最为重要？

本单位产品的特点中哪些是其他企业产品没有的？

本单位产品的实用价值在何处？

产品针对哪些特定用户？

产品如何购买？

价格是否有优惠？

商家有何售后服务保证？

已购产品的消费者有什么好评？

由于有了这些问题，文案的写作就有了一个方向，突出其中的一两点作为核心卖点，文案就可以入手写了。

除了熟悉本单位的情况外，文案创作人员还应了解受众心理。受众心理主要表现为便宜实惠心理、从众随大流心理、新奇追潮流心理和名人名牌心理。为此，写文案时就要针对不同的对象进行创作。

对年轻人，可以多写新奇追潮流；

对中年人，可以多写产品专业特长；

对收入高人群，可以多写名人效应；

对大叔大妈，可以多写便宜实惠……

对于崇洋媚外的心理和高消费攀比的心理，文案不应给予支持。

核心卖点是文案的主题。主题确定之后，可以考虑文案怎样开头、怎样结构。有的可以用场景故事开头，有的可以用专家或消费者的语言开头，有的可以用悬念开头，有的可以以直接介绍产品为开头。文案结构可以是顺序渐进的，也可以用总分式写法，还可以用并列式写法。

写文案应遵守的几条原则

有一则卖粮油的文案是这样开头的："进入秋冬季节，忙碌了一天回到家中，一桌香喷喷、热乎乎的家常菜，给予一家人实在又满足的慰藉。"这里用的是场景故事式的开头，并没有一下子提出要消费者买什么粮、什么油。

接着，文案自然地引入"粮米油面""粮油专场"的内容，并列出了特级初榨橄榄油、红花籽油、东北长粒香米、五常稻花香米、高筋特精面粉等粮油品种的文字介绍，配上图片，标明原价与优惠价，附上用于购买的二维码。这样，一个图文并茂、方便消费者购买的文案就产生了。

当然，文案有多种写法。但是，不论怎么写，都必须遵守以下几条原则。

一、真实：不说谎，不吹牛，不妄称天下第一、中国之最，不通过贬低他人来抬高自己。

二、时尚：在写文案或"软文"时，尽可能结合时事，广告的融入要自然、妥当。

三、好读：文案通俗易懂，好读好看，有趣味，有知识性，有收藏价值。

四、独特：文案有自己的风格，与众不同，能抓住"痛点""卖点"，紧紧吸引住受众。

五、避讳：文案不写有争议的热点，不写负面热点，避开"超赚""至尊""最低价"等用语。

六、好题：文案标题需精心设计，把关键词放进标题，把标题做实。标题要多改几次，征求同事及领导意见，选一个最满意的。切忌题目用词晦涩、题不对文、玩文字游戏。

文案从入门到精通，大有可学，经过努力，就会成功。

第33问：怎样写游记

每到一地，参观了游览景点之后，便想写一篇游记。

盛夏季节，笔者去了一次海拉尔，回京后就写了一篇《海拉尔要塞前的沉思》，在人民日报社"金台唱晚"微信公众号上发表了。

笔者认为，作为新闻宣传工作者，肯定要走很多地方。在完成写新闻稿任务的同时，写一些游记很有必要。

写游记有什么好处

说到写游记的好处，笔者体会到有以下几条：一是可以把旅途的见闻用文字记录下来；二是可以陶冶情操，抒发自己的情感；三是可以练笔；四是可以给媒体副刊投稿。

因此，写游记已成为许多人的爱好，游记也是广大读者喜爱阅读的一个类别。

有人会说："写游记太简单了，照旅游地说明书抄几段就行了。"这是一大误解。要写好游记，不是抄抄景点简介就可大功告成的，而是要写得有意义、有趣味，引人入胜，让人有身临其境的感觉，对读者有启发。这就需要动脑筋、有创意。

游记的种类与基本写法

游记分为记叙游记、写景游记、抒情游记、议论游记等。不同的游记有不同的写作方法。

不论写哪一种游记，首先都要写景，可以通过对自然风光、历史名胜、人文景观、景中人物的描写来抒情、议论。游记中的"游"必须是写作的第一步。

写游记最通常的方法是按照游览的时间先后次序来写，把看到的主要风景写出来。这样写比较顺，也比较方便。

旅途中，有的风景要动态观察，边走边看。"春风得意马蹄疾，一日看尽长安花"，这是在动态中观察体验。有的景物可以固定站在或坐在一个点观察，看它的变化。"日照香炉生紫烟，遥看瀑布挂前川"，就是停在那里欣赏美景。

按照先后次序来写的时候，应有重点意识，切不可什么都写，写得像记流水账似的。要把那些印象最深刻的景色写下来，并找到它们的特点，印象不深的可以一带而过，也可以不写。这样的游记就显得有层次，比较生动。

游记中最好写到"人"

除了写景之外，游记中最好能写到"人"，可以写作者自己——"我"，也可以写他人。因为有景点的地方必然有人。无论是人头攒动还是三三两两，人的活动是旅游的主体。如果不见人，游记便会很像景点说明书。

《人民日报》（海外版）原副总编郑荣来写过一篇北戴河游记，文章的标题就是《多彩人生》。在这篇游记中，他也写了景："那天清晨，我漫步海边，放眼眺望，海面上，有渔帆点点，在我心中，忽觉一片开阔。"接着，他开始写人，以下这段对"人"的描写很细致生动：

才五点多钟，已有许多勤者，早在沙滩边拾贝壳之类，更有一些勇者，已在海里畅游。大海涌动着生命的蓬勃！

忽然，我注意到身边正忙活着的另一些人：有的推着满载着橡胶圈的大车，有的抱着红白相间的太阳伞，有的开始摆设各种饮料小吃、泳衣泳裤，有的正拉着竹椅向沙滩边移动，最简便者便是脖子里挂个相机立于一照片样本的木牌前——他们都是在这里谋生的个体户。

接着，文章作者又详写了一位30多岁的出租橡胶圈的个体户、一位卖饮料和面包的户主、一位63岁的退休个体户老人，把他们的故事串起来，发出这样的感慨：

如烟的秋雨，飘洒了一个晴和天色里看不到的苍茫；时代的大湖，也给这世间冲洗出形形色色的人生。已越千年的魏武，徒观沧海，枉叹洪波，只见自然，不见人生。他不胜感慨日月星汉的辉煌与亘久，却无缘看到今日生活的丰富与多彩。

语言对话与背景材料

在游记中写人，最好写上语言对话，这样就更显亲切与真实。在《多彩人生》一文中，作者与几位个体商户的谈话都原汁原味照录不误，聊生意、聊经历、聊人生，使文章有血有肉、充实丰满。

请看以下作者与一位个体户的对话：

"你一年能挣多少钱？"
"去年五六千，今年差点。"

"你一个人？"

"不，去年俩人，今年四人。"

"那么多人干吗？"

"揽生意呀。"

"夏天过了你干什么？"

"搞建筑。"

这一段问答，不仅十分真实可信，也道出了生活的不易。

写游记还离不开背景材料，用好背景材料可以增加文章的厚度。用背景材料时，重要的地方可详尽一些，不重要的部分可以简略。

在《多彩人生》一文中，因为是写北戴河海边的事，作者便用了毛泽东词中"大雨落幽燕，白浪滔天，秦皇岛外打鱼船。一片汪洋都不见，知向谁边"的句子，以及曹操的《观沧海》的典故，正可谓恰到好处。

综上所述，写游记的要点为以下30个字：细心观察景点，注意刻画人物，写好语言对话，用好背景材料，尽兴抒情议论。同时，文章还可以适当配些旅途照片。这样写，就能把游记写得越来越好。

笔者就是用上述写游记的方法，写了一篇习作《海拉尔要塞前的沉思》，附在本文之后，作为向读者的汇报吧！

附：本书作者之一姚赣南写的一篇游记

海拉尔要塞前的沉思

到达内蒙古海拉尔时，华灯初上，整座城市是那样的舒坦和平静。市区的灯光秀把一幢幢建筑物打扮得十分靓丽，如同被琥珀与珍珠镶嵌起来的艺术品。

第二天早晨，天空下起了细雨。大暑时节的海拉尔，气温只有23度，凉爽宜人。

今天计划要去参观的目的地是"侵华日军海拉尔要塞遗址"。在我的印象中，这样的遗址也就是一排碉堡、几条战壕而已。

然而，走进海拉尔要塞，参观了关于历史事件的展览，又进入十几米深的地道内，这一幕幕让我心头一颤，思绪纷纷。

在地道入口处，有一位大叔在出租军大衣。

我问："下面冷吗？"

大叔答："零度。"

"租一件大衣多少钱？"

"5元！"

我仗着自己穿着长袖衬衣和摄影背心，便没有租，心想："有那么冷吗？"

往下走，一股股冷气扑面而来，石梯扶杆上沾满了冷却水珠，湿漉漉的。越是往下越冷，真是冬天刺骨的感觉……上面的大叔说的是实话。

这个地下工程真是大得很，而且设计考虑得十分周全。我下台阶时粗略数了一下，约有80多级台阶。按每级台阶20厘米计，深度就达到十五六米。工事坑道主通道约1.7米宽、2米高，左右两侧连接房间，有指挥部、医院、寝室、弹药库、厨房、蓄水间、厕所等。小的几平方米，大的五六十平方米。我们参观的地道只是目前开放的一段，行程约15分钟。

据介绍，1931年九一八事变后，日军侵占了东北。从1934年开始至1939年，为抵御苏军进攻，日军在东北境内设立十几处工事。海拉尔要塞是最大的工事之一，于1934年6月动工，1937年末竣工。

目前，海拉尔要塞已勘测的各种工事总面积达1万平方米，地下通道4000多米，面积达5000多平方米，房间50多间，全部为钢筋混凝土结构。该工事当时在地下完全能够保证基本生活及作战供给，苏联战地记者称之为"地下城市"。

这么浩大的工事，完全是以中国劳工的生命为代价建造起来的！当年，日本侵略者用抓来或骗来的数万名中国劳工修建要塞。劳工们早饭吃的是高粱米稀粥，午饭是又酸又硬的混合面窝头，喝的是生水。在冬天-40℃时还要干活，身上穿的是一套像麻袋一样的更生布衣，根本无法御寒。

这真是一座人间地狱！在日寇的皮鞭下每天干十几个小时重体力活，累死、病死、饿死、冻死、被打死的中国劳工不计其数。

成千上万的劳工尸体被日军运到北山和敖包山之间的沙地掩埋，形成了海拉尔的"万人坑"。在要塞工程完工时，为了保密，凶残的日军用铁丝把劳工的肩胛骨穿在一起，集体枪杀、活埋，真是灭绝人性，令人发指！

直到1945年8月9日，苏军开始出兵东北。8月12日，苏军对固守海拉尔要塞的近7000名日军发起进攻，至16日，共俘虏3827人，打死3000余人，彻底摧毁了这个地下魔窟。苏联红军在进攻时付出了巨大代价，涌现了许多可歌可泣的英雄事迹。在海拉尔东郊小孤山上，有24座苏军烈士合葬墓，安葬着约1130名苏军烈士。每年，都有大量的中国和俄罗斯民众来到这里祭奠烈士英灵。

海拉尔要塞已成为内蒙古自治区重点文物保护单位、全国爱国主义教育示范基地、国家级国防教育基地，现更名为世界反法西斯战争海拉尔纪念园。当天，停车场上有五六十辆大小汽车，参观者络绎不绝，有许多家长是带着孩子来的。

参观完海拉尔要塞后，心情久久不能平息。地道、铁轨、工具、白骨、冷冰冰的混凝土……都在诉说着侵略者的罪恶暴行，都在展示着中国劳工的斑斑血泪。

走出地道，天放晴了。望着蓝天白云，望着远处绿油油的呼伦贝尔草原，望着高楼林立的海拉尔区，这一切似乎在告诉人们：今天，我们的和平安定生活来之不易，是千百万革命志士奋斗的结果。

在旧中国，人民为什么吃那么多苦？还不是因为国家太贫弱了。一百多年来的苦难与抗争、求索与奋进，可歌可泣，它激励今人，昭告后世，应当铭记历史，勿忘国耻，努力奋斗，建设一个强大的祖国！

（本文于 2021 年 8 月 9 日发表在"金台唱晚"微信公众号）

第34问：怎样写"旅游漫笔"

随着旅游热的兴起，写"旅游漫笔"的人多了起来。"旅游漫笔"成了不少媒体的一项不可缺少的内容，经常会在版面上亮相。

笔者在一段时间内，曾为《人民日报》（海外版）旅游版写过几十篇"旅游漫笔"。后来，这些文章汇成一本书，书名叫《乐在旅途》。在写作的过程中，笔者摸索出了一些门道，有了一些初步体会，在此与大家交流。

"旅游漫笔"不同于游记

"旅游漫笔"是旅途中或旅行后有感而发的文字，但是，它不是游记。

说到漫笔，它是一种很随意的文体，是不拘形式、随手写来的任心闲谈。它是散文，但比通常说的散文还要随意一些。散文是以记叙为主的文体，而漫笔是以议论与抒情为主的文体，是一种变化了的议论文，生动活泼而不拘一格。

写"旅游漫笔"时，最忌讳的是把它写成了游记，大段地抄写景点说明书，从头到尾记述游览的经历。虽然文章不错，也配了不少优美的风景图片，但始终跳不出"以记录行程为主"的框框。

当然，也有以抒发感情为主的抒情式游记。但是，作为游记就少不了对于风景的描述，基本上是以写景为主，然后带出作者抒发的情感。

而"旅游漫笔"的写作方法是与游记不同的。它用在描绘风景上的笔墨不多，只是寥寥几笔，抓住要点，更多的是发表作者自己的观点。

笔者写过一篇《41吨啤酒流走了什么？》的文章。在文章开头，对啤酒节的状况只写了短短的一段话："在 8 月 5 日重庆'啤酒节'开幕式上，参与者畅饮还不过瘾，许多酒友竞相互泼洒啤酒，几小时连喝带泼消耗啤酒41吨，弄得浑身湿透，酒气满身。"接着，笔者就开始了议论，讲啤酒生产的不易，讲其他城市的种种浪费现象。最后，得出结论：41吨啤酒流走的是极其宝贵的资源，是勤俭节约的美德，并号召人们把节约意识渗透到生活中，唤起全社会对资源浪费的切肤之痛。

"旅游漫笔"可以一事一议

在写"旅游漫笔"时，常用的方法是一事一议。所谓一事一议，就是抓住旅游过程中看到的、听到的、想到的一件典型事例，来发表议论、阐明观点。在写法上，可以先叙后议，也可以先议后叙。以旅途见闻为出发点，以小见大，议论风生，突出主题。

笔者就"游客旅途挨宰、上当受骗"这件事写过一篇漫笔，题目是《旅途不换宰 你真太有才》。笔者针对旅客"地生人不熟，常被一些购物骗术蒙蔽"的情况，结合个人经验，给出"八招"，希望旅友们把旅游购物从痛苦变成 一件乐事。

这种一事一议的写法笔者还在多篇文章中使用过。比如，《九马画山到底有几匹马？》一文，说的是从桂林到阳朔那一段水路上，要经过一个叫"九马画山"的景点。在几位游客数着崖壁上到底有几匹马的过程中，道出了旅游的乐趣是重在参与、交流、欣赏与回味。又如，《零团费意味着什么？》一文，意在揭穿旅游"零团费"的种种陷阱，要求取缔这种"饮鸩止渴、杀鸡取卵"式的旅游方式。还有，《我不想过"愚人节"》一文，则列举了"愚人节"的种种骗术，表示不想当"整蛊专家"与"四月傻瓜"。

"旅游漫笔"也可以多事一议

所谓"多事一议",指的是把旅游中不同地点、不同时间的事例排列出来,议论集中到一点,把道理讲清楚。这种写作手法,要靠背景资料积累,也要靠联想。

中国作家协会会员、中国散文学会理事郑荣来读了《乐在旅途》后说:"老姚的议论,有对一个景观的推介评论,有对多个景观的比较分析,分析中有审美的欣赏,有对不良现象的批评。"

笔者在《纯朴最真 内涵为美》这篇漫笔中,以俄国托尔斯泰墓为引子,讲到了国内旅游过度开发的种种现象,讲到了庄子"朴素而天下莫能与之争美"的道理,讲到了文物"拆真建假"的危害。通篇多事一议,主要议题是:开发旅游景点要有审美眼光和远见卓识,不能只顾眼前利益。

《在旅游中欣赏书法》一文,讲的是景点中的书法作品,列举了山东青州云门山的一个高7.5米的"寿"字,苏州虎丘的"虎丘剑池"4个字,浙江普陀山心字石上长达5米、宽达7米的"心"字,以及西安碑林中的《怀仁集王羲之圣教序碑》、怀素的《千字文碑》、颜真卿的《多宝塔感应碑》、柳公权的《玄秘塔碑》等。同时,批评有的景点那些粗制滥造的所谓书法作品,混迹于各地旅游景点之中,形成视觉污染,大煞风景。笔者将上述内容加以归纳,采取多事一议的方法,提倡在旅途中学会欣赏优秀书法作品,由喜到惊,进而深思,继而奋进,为弘扬中华优秀传统文化而努力。

还有一篇漫笔叫《"巨无霸"的诧异》,说的是世界上最大的月饼、最重的八宝饭、最长的麻花、最长的面条、最大的饺子……说了这么多的"巨无霸",殊途同归,认为它们都"没有什么高科技,有的只是浪费",是华而不实的奢侈浪费行为。笔者急切呼吁:这种行为该收敛了!

"旅游漫笔"重在内涵

"旅游漫笔"大多是千字文，不宜太长。短小精悍是它应有的风格。不过，文章虽短，但构思要巧妙，结构要紧凑，情感要自然流露、不牵强。"真正的散文饱含着诗意，犹如苹果饱含着汁液一样。"尤其是文章的内涵要丰富，要注重文章的思想性，或讲述文化知识，或评析世态人情，亦庄亦谐，能够启人心智、引人深思，这才是好文章。

著名作家、96 岁高龄的邱陵先生读了《乐在旅途》后的评价是："室雅何须大，花香不在多。"他说："我在翻看之前，以为都是写情写景一类的游记，这类的文章过去已看过不少，自己也写过多篇。然而，姚先生出手不凡，他不光写情写景，他还写出了慧眼独具的见解，以及对一些不正之风的批评与批判，有的还提出了非常宝贵的意见和建议。"

我对他说，正如您所言，《乐在旅途》不是一本游记，而是一本讲述如何在旅途中获得快乐的书。这个"旅途"，当然也包括人生旅途。

"旅游漫笔"的题材十分广泛，写作手法也各有千秋。只要我们保持活跃的思维，细心观察旅途中的变化，用清新的笔意，不落俗套、寓意深远地及时把它写出来，就一定能写好"旅游漫笔"。

今后，我们只要踏上旅途，便可考虑写一篇"旅游漫笔"。日积月累，越写越好，既积累了素材，又锤炼了思想，何乐而不为呢？

第35问：如何用寻找"差异"的方法写文章

笔者当年在写"旅游漫笔"时写过一篇短文，题目叫《旅游：寻找"差异"的快乐》。在这篇文章中，笔者说："距离产生美，差异带来欲望与憧憬。为了远方那个带有差异的陌生的梦，不怕漂泊，不畏劳累，走上旅途。这也许是人们常说'我喜欢旅游'的原因吧！"

把旅游与写作相比较，发现这个寻找"差异"的快乐是相同的。写作，也要寻找"差异"。

写文章不能老生常谈

文章是写给谁看的？是写给读者看的，是在与读者交心、谈心。如果总是讲那些老生常谈的事情，讲那些读者早已知道的"司马光砸缸""牛顿见到苹果从树上掉下来"的故事，读者必然会感到厌倦。

比如，对上海人讲外滩，对苏州人讲评弹，意义不大。但如果把这些向第一次到上海或苏州的人介绍，他们就会感到特别新鲜，并产生兴趣。

在写作中，同样也是这个道理。普通的、平常的、人人皆知的事情，不要去写。要写那些有特色的、不平凡的、有差异的、新奇的、能引起读者兴趣的人和事。即使是议论文，也要讲出自己独特的观点。

有的人写文章喜欢用套话，"开幕没有不隆重，学习没有不认真，落实没有不全面，重视没有不高度"，大都是套话，一直用，读者久而生厌。

有的人写文章想当然，凭空捏造，脱离实际，夸夸其谈，十分假、大、空。有的人写文章人云亦云，跟在别人后面，没有创意。这些都是造成文章没有特色的原因。

怎样抓住事物的差异

抓住差异最好的办法是发现这件事、这个人的特点、惊人之处。比如，某项新的重大工程、某项新的发明、某位全国劳模、某位奥运冠军，这些事和人都是了不起的、不平凡的，可以大写特写。因此，遇到这样的机会要抓住它，别让它溜走了。

然而，在日常生活中，并不会经常遇到这类特殊的人和事，大多数日子是平平常常的。该怎么办？

有经验的写作者此时能发挥作用的是强大的观察能力和分析能力。他们能够用新的眼光、新的角度去看寻常的事，能够从平凡的人和事中体味到丰富的内涵和人生的意义，写出一篇又一篇生动的文章。

朱自清的《背影》，写的是父亲爱孩子的老题材，但作者选取新的表现角度，采用特写的方法，叙述了他离开南京到北京，父亲送他到浦口车站，照料他上车，并替他买橘子的往事。文中写得最动人的地方是父亲替他买橘子时，在月台攀上爬下时的背影。作者用朴素的文字，把一位父亲对孩子的爱表达得十分深刻细腻。从平凡的事件中，表达了父爱如山的情感。

写作者强大的观察能力与分析能力来源于学习与知识积累，来源于用心思考，也来源于文学功底。

朽木之美给人的启示

作家尹相如写过一篇文章，题目叫《朽木之美》。

在一般人的眼里，写朽木自然是"朽木不可雕也"。然而，作者通过细微的观察，发现了森林中的朽木之美：

> 一根直立的朽木上长出了几朵黄色的菌子，好似插在美女头发上的玉簪。一根横卧在荒草中的朽木竟然被一层层粉红的鳞状菌覆盖，似夕阳下微风吹拂的波浪，让朽木也充满了生机……

在欣赏了许多生态各异的朽木之后，作者发出这样的感慨：

> 原来朽木并不朽，它照样以一种新的形态延续着生命，而且朽木世界也是丰富多彩的，各有各的故事，各有各的美丽，它向人们讲述的是生死相依的故事，它的美是一种没有经过人工雕琢的、自然天成的死亡之美，照样具有不可替代的审美价值。

原来，像朽木这样"不可雕"的物件也是可以写的。如此看来，大千世界林林总总的事物都是可以写的——只要我们有慧眼、有思想、有笔力。

写作，就是寻找"差异"的快乐。作家王蒙说过："新的生活气象，新的语言辞藻，新的思索探求，新的经验体验，新的知识信息，新的形式方法，就像清泉活水，永远奔流，永远被搞写作的人所汲取所消化所运用所消化所生发所沉淀积累……"

看来，只要我们能够用寻找"差异"的办法写文章，就能把握写作的个性和规律，就能写出新颖别致的文章，受到广大读者的欢迎。

第 36 问：文章中的"金句"是怎样炼成的

当我们在阅读一些文章时，常常会发现一些"金句"，情不自禁地为之拍案叫好。

什么是"金句"？从字面上来说，金句就是金光闪闪的句子，是有较高价值的句子，是能够长期保存并流传的句子。引申开来，就是指有内涵的句子，富有哲理的句子。金句就是名言佳句，就是能引起人们共鸣的短语。

在读刘禹锡的《陋室铭》时，我们记住了"山不在高，有仙则名。水不在深，有龙则灵"等句子。在读范仲淹的《岳阳楼记》时，我们记住了"不以物喜，不以己悲""先天下之忧而忧，后天下之乐而乐"等句子。在读诸葛亮的《诫子书》时，我们记住了"静以修身，俭以养德"以及他引用的"非淡泊无以明志，非宁静无以致远"等句子。在读通讯《县委书记的榜样——焦裕禄》时，我们记住了"吃别人嚼过的馍没味道""榜样的力量是无穷的"等句子。在读通讯《毛主席的好战士——雷锋》时，我们记住了"活着就是为了使别人过得更美好"等句子……

在一篇文章中，有了金句就有了亮点，有了灵魂，有了警世意义，可以让人思考、催人行动，使人奋发向上、努力拼搏。因此，在写文章时，应当精心安排设计，努力写出金句。

笔者认为，在文章中写出金句的路有4条，不妨走一走、试一试。

第一条路：引用

引用，这是最便捷最能较快掌握的方法。古今中外的哲人们留下了一大笔宝贵的精神财富，包括他们写出的金句。这些金句脍炙人口、寓意深长、广为流传，有的成了成语，有的成了谚语，还有不少成了日常用语。

这些金句的主要特点是简练、好记、寓意深刻。要在文章中引用这些句子，首先得知道它、读懂它。现在出版了不少名言辞典之类的书，可以选备几本，读一下。有了印象之后，引用就方便了。

在读别的书和文章时，可以把看到的金句画重点、记下来，也为以后引用做好准备。

引用别人的金句时，要紧密结合自己写的文章内容。越是结合得紧密，文章就越有说服力。诸葛亮《诫子书》中的"非淡泊无以明志，非宁静无以致远"这句话，是引用了汉代刘安《淮南子·主术训》中的一段话。原话是："是故非澹薄无以明德，非宁静无以致远，非宽大无以兼覆，非慈厚无以怀众，非平正无以制断。"由于引用得好，后人还以为"淡泊明志，宁静致远"是诸葛亮说的。

第二条路：模仿

模仿是学习，也是提高。现在不少综艺节目有模仿秀，各具特色。文章中金句的模仿与引用是有差别的。引用时用的是原话，模仿时可以用它的部分原话，也可用它的结构。

有一位写作爱好者看到了一句名人名言："每一个不曾起舞的日子，都是对生命的辜负。"他灵机一动，模仿出自己的金句："每一个不曾写作的日子，都是对生命的辜负。"

有一位作者读过这样一个金句："如果失去了方向，那么所有吹过来的风都是逆风。"他认为很有哲理。于是他根据"如果……那么……"这个句式结构，写出了自己的金句："如果失去了热情，那么所有的路都将寸步难行。"

模仿虽然比不上原创，但模仿得好也是可以的。

第三条路：捕捉

在与人的普通交谈中，在面对面的采访中，有时会听到一些很有哲理的话语，这时就要迅速地把它捕捉到，用较精练的语言把它表达出来。有的干部深入一线，听到群众的一些反映，写下了以下这些感受：

> 面对人民群众，每个党员干部都要离得开凳子，撂得下架子，铺得下身子，掏得出心窝子。
>
> 做客百姓家，走访万户村，村头拉家常，地头说收成，炕头知冷暖，灶头悉富贫。
>
> 清清嗓，发出群众爱听的"好声音"；照照镜，立起群众赞誉的"好形象"；洗洗澡，除去群众厌恶的"坏毛病"；动动身，苦练群众需要的"真本领"。

这些句子生动形象，是群众对干部的要求，把它们整理出来，有现实教育意义。

在采访前，要做好留意金句的思想准备。这种超前意识是获得成功的有效途径。在一次采访活动中能够捕捉到一两句金句就是成功，不必贪多。

第四条路：原创

原创金句是不容易的，这是创作者思想的闪光，是灵感与智慧的结晶，是语言的凝练升华。原创的基础是要大量阅读名人名句，汇入脑海，并经过思考，找到自己的认知。

名人的名言很多，笔者喜欢的也很多，就"读书"这一方面，略举以下6条：

杜甫："读书破万卷，下笔如有神。"

颜真卿："黑发不知勤学早，白首方悔读书迟。"

朱之瑜："三日不读书，便觉语言无味。"

笛卡尔："读一本好书，如同与往昔时代最优秀的人们交谈。"

毛泽东："饭可以一日不吃，觉可以一日不睡，书不可以一日不读。"

周恩来："为中华之崛起而读书。"

从收集金句开始，先了解它，再模仿它，进而达到能原创金句的地步。原创金句具体方法很多，有对仗法、押韵法、类比法、排比法、提问法等，但归根结底是要有深刻的思想。

鲁迅在创作"横眉冷对千夫指，俯首甘为孺子牛"时，是对敌人的恨与对人民的爱的深刻表达。爱迪生在写下"天才是百分之一的灵感加上百分之九十九的汗水"时，是他千辛万苦做实验的思想结晶。

创作金句不是玩文字游戏，要有正确的思维方法，要有立场、观点。只有不断提高认知能力，构建起认知体系，对世界、对人生、对价值有正确而清晰的认知，才能写出满意的金句。

"千淘万漉虽辛苦，吹尽狂沙始到金。"淘金是如此，写出金句同样如此。金句如同璀璨的宝石，镶嵌在你的文章中，使你的文章闪闪发光，光彩夺目！

第37问：新闻稿怎样站起来、动起来

现在有一个网络流行词叫"躺平"，指的是无论对方做出什么动作，内心都毫无波澜。

借这个网络流行词用到新闻稿上，指的就是稿件平铺直叙，没有站起来，更没有动起来。而优秀的新闻稿都有这样的共同点：有广度，有深度，有动感，有厚度，有立体感。

什么是立体感？立体感原指的是平面造型艺术引起的一种近似于现实三维空间中的物体的审美感受。当人们感知到三维空间的存在以及自己的位置，才会有立体感。摄影与绘画中运用景深、立体声广播、3D技术等都会给人以立体的感觉。

什么是新闻的立体感

新闻的立体感主要表现在它不是单调的、乏味的、平铺直叙的，不是像记流水账一样写出来的，而是有血有肉、有起伏的，写作不只是停留在一个点、一条线上，而是由点到线、由线到面、由面到空间与时间。

下面，我们以优秀通讯稿《无产阶级战士的高尚风格——"南京路上好八连"纪事》（原载于1963年5月8日《人民日报》）为例，来说明如何写出具有立体感的新闻稿。

《无产阶级战士的高尚风格——"南京路上好八连"纪事》（简称《好

八连纪事》）一文发表于20世纪60年代学雷锋热潮的时期。八连战士们保持艰苦奋斗的事迹后来被排成话剧《霓虹灯下的哨兵》。毛泽东也为八连赋诗《杂言诗·八连颂》。

《好八连纪事》一文塑造立体感的主要写作手法有以下几种。

运用不同层面材料使文章更丰满

我们在写稿件时，不光要写看到的，还要写听到的、触摸到的、感受到的。这样写，立体感就出来了。

《好八连纪事》写的是部队官兵发扬艰苦奋斗作风这一主题。围绕这一主题，作者不只是写战士们在南京路上站岗、放哨、巡逻，而是通过多层面来加以叙述。既写军训、值勤，又写种菜、缝衣；既写战士们的思想变化，又写南京路的光荣传统；既写南京路在解放后的新貌，又写它还存在的"糖衣炮弹"的影子；既写八连驻扎南京路"胜利的第一仗"，又写十几年如一日的不懈努力。

比如，文中好几次提到"步行"一事，写的是不同的时间、不同的人的"步行"。有一处是写"步行"的急行军，"这次行军，被许多战士当作一次革命精神的示威，一次深刻的传统教育来纪念的"。

有一处是写"八连的蔬菜生产基地在离他们驻地二十多里，按照他们的习惯，每次劳动生产都是徒步往返"。有一次，一位战士劳动后很疲劳，想坐公共汽车回家，被班长一句"这段路不长，越走越短"的话语警醒，最终坚持"步行"回到营房。

还有一处是写指导员从郊外"步行"回来，"有些战士看到，他一个人在马路上奔行着，已经满身大汗。从此，战士对指导员的信任益发加强了"。

由于运用不同层面的材料来写作，从而使文章内容扎实、具体，就像讲故事一样，十分吸引人。

运用衬托的手法使文章更突出

文章中的衬托可以以物衬物，也可以以事衬事，还可以以景衬人、以人衬人。

刘禹锡的《赏牡丹》一诗，大家熟知的有这两句："唯有牡丹真国色，花开时节动京城。"然而，其开头的两句是："庭前芍药妖无格，池上芙蕖净少情。"把芍药和荷花作为衬托，更显出牡丹的雍容华贵，艳压群芳。这就是以物衬物的手法。

杜甫赞李白的诗中有"清新庾开府，俊逸鲍参军"一句，则是以人衬人，把李白描写得十分完美。

《好八连纪事》中举了许多例子，都是用了衬托手法。比如，上海有一年发生旱情，蔬菜供应遇到困难。这件事似乎与好八连关系不大。但是，作者以此为衬托，写出了好八连战士主动把自己蔬菜基地生产的蔬菜送到市场上去，"自己却悄悄地去吃卷心菜叶"。

又如，从战士"拾到一分钱交公"受表扬，以此为衬托，写出了全连"拾金不昧1390多次"，这个比衬给人留下了深刻的印象。

再如，有一位战士在给外地写信时，信封上写了"南京路上好八连寄"，受到了指导员的批评。指导员认为，"八连好不好，要由党和人民评定，我们没有权利自称'好八连'"。这件事与八连多年得到的各种荣誉、奖状、嘉奖令相比衬，使人更感到八连的谦逊与自信。

运用对比的手法使文章更生动

对比的运用可以使文章泾渭分明，知道前因后果，形成反差，使文章有波澜，更生动。对比可以用前后对比、新旧对比、正反对比、优劣对比、穷富对比、大小对比等方式。

《好八连纪事》中就用了多处对比手法。比如，解放前的南京路，"它是洋人、买办资本家、豪商、阔佬和扒手、阿飞、'野鸡'的出没之所，肮脏的交易、五花八门的骗局和千奇百怪的冒险勾当在这里泛滥着"。解放后的南京路，"与解放初期的南京路相比，是大大前进一步了。南京的繁华和富丽，已经是我们的骄傲"。

又如，好八连战士在花钱方面，"小气"与"大方"形成了明显的对比："他们的日常生活是那样俭朴，就是花一分钱，也要掂掂分量；而在购买学习书籍时，却是慷慨非常，毫不吝惜。"

文中还多次提到一些战士在解放前后思想境界的提升，从朴素的阶级感情上升到自觉的革命思想，形成了强烈的对比关系。

运用议论的手法使文章更深刻

放开思维，夹叙夹议，是使文章立体化的又一手法。新闻稿件中加入适当的议论，可以揭示记叙的事物所蕴含的道理和意义，起到深化主题思想的作用。

《好八连纪事》中的议论是简洁而精彩的，比如：

"一个人有了高度的自觉，一切就成为自然而然的了。"

"一定的作风是以一定的思想为基础的。作风不能离开思想而在真空中飘翔。"

"不错，我们的生活会愈来愈好起来的，我们的勇往直前的奋斗，正是为了全体人民的富裕和幸福。"

"我们永远也不能把个人幸福置于全体人民的幸福之上。当我们的国家还是'一穷二白'的时候，我们更不能有一秒钟忘记我们艰苦奋斗的光荣传统！"

这些议论是因事而发、有感而发，它们不是空泛的，而是围绕着最典型的事例来进行，在描述最动人之处插入，在作者情感迸发时进行。这些议论确实起到了画龙点睛、揭示事情意义、深化文章主题思想的作用。

古人说："文似看山不喜平。"多个层面、衬托手法、运用对比、夹叙夹议，正是这些写作技巧使文章从"躺平"到"立体"，更加生动形象、有说服力，读后让人难以忘记。这些手法，是值得我们学习与借鉴的。

第38问：新闻稿如何写出"温度"

新闻稿要写得真实、及时、明白，既要写清楚事情的来龙去脉，又要中肯地分析事情的原因，写得有条有理，令人信服——这是写新闻稿的总体要求。

与此同时，新闻稿应当写出"温度"，写得有血有肉、有情感，能打动人，给人以精神上的慰藉与鼓励——这是对新闻稿的更高要求。

那么，新闻稿怎样才能写出"温度"呢？

带着深厚感情去采访写作

常言道，作品只有感动自己，才能感动读者。记者在采访时，如果只是按照采访提纲上所列的几个问题照本宣科般地提问，一问一答完成后就匆匆整理成一篇稿件发表，这样的新闻稿往往是比较平淡的，没有什么精彩之处。

反之，如果记者能够放下身段，体察民情，与采访对象平等相待，用"心"去采访，情况就会发生变化。有时候，可以与采访对象在一起工作或生活几天；有时候，可以见缝插针聊上几句；在特殊的情况下，有时记者甚至可以用较长时间"等待"采访对象。态度变了，采访就有了激情，采访对象就能说出掏心窝的话，记者就会捕捉到金句和细节，写出来的报道就会生动而有"温度"。

新华社原社长穆青在谈到采访和写作时说，他写焦裕禄时倾注了全部精力和感情，流泪最多。他说："什么叫激情，我的体会是到忘我的程度，你的思想感情都会在人物身上，你即使做一件事，洗脸、吃饭都是下意识的。"此外，穆青还采访了工人模范赵占魁、种树治沙的潘从正、植棉能手吴吉昌、红旗渠劳模任羊成等典型，走遍中华大地，与普通人交朋友，稿件写出了"温度"，写一个，活一个，响一个。

反映人与事物的本质力量

写新闻稿不能像记流水账那样，就事论事，平铺直叙，要写得有故事、有哲理，要能反映人与事物的本质力量。

写人，要写出人的精气神；写事物，要写出它的规律性。这个本质力量就是时代的主旋律与价值观。一些英雄模范人物的事迹之所以感人，主要是在精神上为人们立起了标杆。

俄国作家列夫·托尔斯泰说过："文学应当记载下过去所经历的道路，追随那行动着的群众，沿着他们所走过的道路把那幅五光十色的历史图画给展示出来。"新闻也是这样，它承载着推动社会进步、守望公平正义、凝聚民心、扩大影响力的使命，"铁肩担道义，妙手著文章"是记者永恒追求的目标。

在采访中，有些现象是真实的，有些是假象；有的话是真话，有的话是假话，如果记者综合素质不强，缺乏主动担当精神，有畏难情绪，往往会产生形式主义，大而化之，走基层成了走秀，结果必然是对材料挖得不全、不细、不深、不准，写出来的也只能是老一套的官样文章、表面文章。只有那些真正深入下去的记者，才能写出有细节、有内心活动、有感人故事的好作品。

与读者之间架起一座心灵桥梁

我们的新闻作品不是自我欣赏的，而是写给读者看的，没有读者的作品不是好作品。为此，写作者与读者之间架起心灵的桥梁十分重要。俗话说："将心比心才能以心换心。"多站在读者的立场去写作，换位思考，多了解读者的需求，写出来的稿件才是贴心的、可读性强的。当稿件能与读者产生心灵上的共鸣时，就是一篇成功之作。

1951 年 4 月 11 日，《人民日报》刊登了《谁是最可爱的人》一文；1966 年 2 月 7 日，《人民日报》刊登了《县委书记的榜样——焦裕禄》一文，在当时打动了千百万读者，许多读者潸然泪下，泣不成声。不仅如此，在之后的几十年岁月里，它们依然影响着一代又一代的读者，与读者之间的那座心灵桥梁始终牢固屹立着——这就是优秀作品的魅力所在！

在抗击新冠肺炎疫情的日子里，许多记者在抗疫一线写出的感人报道，反映了白衣战士和志愿者的大无畏精神，引发了社会的强烈反响，引起了读者的共鸣。同样，这些优秀作品在读者的心中是永久不会磨灭的。

运用准确生动的语言文字

新闻作品是文字的集合体，除了情感之外，还必须运用准确生动的语言文字才能表达作品的含义。

新闻写作的基本原则是用事实说话。事实是新闻的本源，只有事实才能让读者信服。正因为这样，在新闻稿中不允许捕风捉影、无中生有或张冠李戴，也不能夸大、虚构或添枝加叶。

新闻语言文字的另一个要求是精练，要求篇幅简短而信息量大，这是新闻作品的一项基本原则，也是它区别于小说或其他文学作品的特征。

同时，新闻语言必须朴实。高尔基在《新闻工作者的伟大历史使命》

中指出，"真正的智慧，通常总是用很朴实的方式反映出来的"，"语言越朴实，越生动，就越容易理解"。

贴切、得体、雅俗共赏是新闻语言应有的风格。少用行话、术语、含混不清的词语，是写作者必须注意的问题。

有一位作家说过，文学作品应当能使读者不仅从作品所说的事情中，而且从述说这些事情的方式中得到快乐，否则就称不上是文学。新闻作品也如此。在新闻中，最好的文字就是与大众至亲的文字，是吸取了大众语言中精华部分的文字。优秀的记者正是用这样的文字写出了有"温度"的作品。

综上，带着感情写，抓住本质写，换位思考写，用好语言写，相信你也能写出有"温度"的新闻稿。

第39问：你会用"数字式导语"写新闻吗

2022年1月17日的一条关于全国人口数字的消息引起了民众的极大关注。这条消息的导语是这样写的：

> 据国家统计局消息，2021年末全国人口（包括31个省、自治区、直辖市和现役军人的人口，不包括居住在31个省、自治区、直辖市的港澳台居民和外籍人员）141260万人，比上年末增加48万人。全年出生人口1062万人，人口出生率为7.52‰；死亡人口1014万人，人口死亡率为7.18‰；人口自然增长率为0.34‰。（人民网北京1月17日电）

在这条消息的导语中，用了一连串的数字，有绝对数字，有相对数字，还有千分比。这就是典型的"数字式导语"。

数字本身是枯燥的，但是真实的数字是可靠的、有说服力的。在新闻中，尤其是在导语中把读者关注的数字列出来，用以答疑、解惑、明理，就能提高新闻的价值，给读者留下清晰而难忘的印象。比如，在上述关于全国人口的消息中，"年增长仅48万人"这一事实引起了人们的关切与讨论，担心2022年全国人员会不会出现负增长的状况。

"数字式导语"在新闻写作中是很有用的，我们应当学习并加以运用。"数字式导语"的基本形态有3种：绝对数字形态、相对数字形态、形象数字形态。

绝对数字形态

绝对数字形态指的是导语中只出现一个或几个绝对数字，不与其他数字做比较。

比如，消息《进一步开放十四个沿海港口城市》(《人民日报》1984年4月7日第1版）的导语是：

> 今天在北京结束的沿海部分城市座谈会建议进一步开放由北至南14个沿海港口城市，作为我国实行对外开放的一个新的重要步骤。

消息先声夺人地突出"14"这个数字，然后在第二段再写上大连、秦皇岛、天津等14个城市的具体名称。

又如，消息《我国政府决定军队减少员额一百万》(《人民日报》1985年6月11日第1版）的导语是：

> 我国政府决定，中国人民解放军减少员额一百万。这是中央军委主席邓小平6月4日在军委扩大会议上宣布的。

接着，新闻稿摘录了邓小平在会议上的讲话内容，分析了当前的国际形势，讲述了我国的对外政策，论证了人民解放军实行改革体制、精简整编的根据和意义。这些都是围绕"一百万"这个数字来进行阐述的。

以上两个例子所列出的数字都是绝对数字，"14""一百万"都一目了然，给人以明确的概念。

相对数字形态

相对数字形态指的是有绝对数字，又有相比较的数字，通常以增加、减少、百分比来表述，用来进行分析比较，说明因果关系。

比如，消息《朱建华跃过二米三八》(《人民日报》1983年9月22日第1版) 的导语是这样写的：

> 我国优秀跳高运动员朱建华今天下午在上海虹口体育场举行的第五届全运会田径决赛中，跳过2.38米，打破由他本人保持的2.37米世界跳高纪录。

这个 "2.38米" 是绝对数字，是新的世界纪录，相对于2.37米提高了1厘米，让人看到了跳高成绩提高的不易，引发对运动员勇于挑战精神的敬佩。

比如，消息《我国粮食总产量首次突破6亿吨》(《人民日报》2013年11月30日第1版) 的导语是：

> 国家统计局公布的数据显示，2013年全国粮食总产量60194万吨，比2012年增产1236万吨，增长2.1%。夏粮、早稻、秋粮分别增产196万吨、78万吨和962万吨。全国粮食总产量首次突破60000万吨大关，实现10年连续增产。

在这条导语中，把2013年的数字与2012年的相比，有具体数字，还有百分比，让人一目了然。

形象数字形态

把枯燥的数字用读者喜闻乐见的方式表达出来，既展示了写作者的语言文字功力，也使新闻增加了可读性。

我们来看形象数字形态的两个例子：

人们都知道，联合国会议多、文件多，然而联合国文件究竟怎么多，如果以册数、字数来展现，可能说不清、道不明。20世纪80年代，法新社的一名记者用这样一则形象数字来写导语：

如果把联合国去年在纽约和日内瓦印刷的全部文件首尾相连排列起来，总长度将达27万公里。

这个"27万公里"的长度，使读者联想到约围绕地球7圈，有了直观上的概念，便于理解。

在一些新闻导语中，并不列出具体的数字，而是用比喻与联想尽可能地使导语活起来、动起来。比如以下两条导语：

救活了两只鸳鸯，挽回一大批外汇。

数以千万计的饥肠辘辘的老鼠已入侵尼罗河谷。

在这里，"一大批""千万计"都是不确定的数字，但它们能让读者产生联想，很想了解事情的结果，想把文章读下去，导语的目的就达到了。

导语中数字运用得好，有画龙点睛的作用；如果用得太乱、太多，会适得其反，引起读者反感。因此，在运用相关的数字时，应当选取那些具有很强说明性的数字，用以阐述一个重要事实，说明一个关键问题。

学习并运用好"数字化导语"，是一个值得研究的课题。

第 40 问：写作转折点何时出现

人的一生是在不断选择中前行的。一些关键的时空，往往会成为人生重要的转折点。选择对了，可以使人生向好的方面转化。常说的人生转折点有4个：出生、求学、择业、婚姻。出生是无法选择的，是先天的；但是，后面3个——求学、择业与婚姻是可以选择的，把握好这些转折点就十分重要。

在写作中，也会出现一些转折点。当这些转折点出现之时，写作水平就会迈上一个新的台阶。

第一个转折点：从害怕写作到敢于写作了

不少人刚开始写作时有害怕心理，脑子一片空白，不知从何处下笔，写作如同"过雪山草地"，十分艰难。有时，会因找不到写作题材而苦恼；有时，写了几行字后搜索枯肠也难以为继。造成这些问题的原因有很多，其中主要一条是对写作目的的认识不够明确，自身又缺乏足够的知识储备。

人为什么要写作？在学生眼中，写作就是"作文"，是为了得到优秀的语文成绩，同时提高自己的文字表达能力；在作家眼中，写作就是创作出小说、诗歌、散文等，给读者送去美的享受，是"藏之名山，传之后人"的财富；在媒体人眼中，写作就是把新的、真的、受众需要的信息传播出去，以起到告知、激励、教育、鼓舞他人的目的。

明确了写作目的，就有了动力，有了责任心，就能深入生活，调查研究，像海绵吸水那样学习写作知识，学习别人的写作长处，渐渐地从不敢写到敢写，从害怕到热爱，实现写作道路上的第一次转折。

第二个转折点：有一两篇比较重头的文章在媒体上刊登了

这一点很关键，是从量变到质变的表现。开始发稿时，或许会石沉大海、屡投屡败。过了一段时间，会发表一些普通的小稿件。后来，经过努力，发表了一两篇有一定影响力的作品。这些作品有深度、有新意，读者量大，编辑给了好评，有的作品还获了奖。

这个转折说明写作者的水平开始登上了一个新的层面，可以从追求数量向追求质量发展，努力使自己的作品产生更多的精品。写作者不会再因为发表了几篇文章而沾沾自喜，而是追求外功与内功修炼相结合、阅读与写作相结合，为写深度报道奠定基础。

第三个转折点：稿件得到几家媒体编辑的认可了

除日记外，写作的全过程不是一个人的事，还要投稿、经编辑审稿，得到通过后才能发表。

你写的文字是否可靠，文笔是否优美，主题是否突出，最后是由编辑审定的。在投稿的过程中，如果有机会能与媒体编辑沟通，那就一定不要放过这个机会。因为在沟通稿件的过程中，你会从稿件定位、谋篇、用词、标题等方面获得不少教益。

当你的稿件能得到几家媒体编辑的认可后，知道你是一个会写稿的人，写出的稿件是靠谱的，你的信任度得以提高，稿件的采用率自然会大大提高。

第四个转折点：发稿的刊登率达70%以上了

这不是一个绝对的概念，能够达到80%—90%更好。这个转折点表明，你写的稿件已能够符合时代经济政治的形势，能够符合媒体的选稿要求，新闻性和实用性都比较强了。你不仅有了写作的笔力，而且有了写作的脑力。

同时，由于采用率高，又促进了你写作的积极性，形成良性循环，写作的热情会越来越高。

第五个转折点：写作成为生活的一部分了

这是一个最重要的转折点。这时，你对写作有了浓厚的兴趣，有着无比的热爱。而兴趣与热爱又成为最好的老师，不断引导你继续前进。"要我写"变成了"我要写"，"写作苦"变成了"写作乐"。

在人生的旅途中，有人把读书、绘画、书法、旅游、摄影、旅游、音乐、美食等当作生活的组成部分。然而，当这一切与写作结合时，能够用文字加以描绘与表达，将是一件多么美妙的事情。

要实现这些转折，必须付出艰苦的劳动。写作者既要有饱满的写作热情，也要做好吃苦受累的准备。因为文章毕竟是一个字一个字码出来的，是一段文字一段文字建造起来的，需要坚忍不拔的精神和日积月累的努力。

热爱写作的朋友们，你们准备好了吗？

第三章

编辑篇

第41问：编辑要有哪"四心"

编辑工作大有学问。学好编辑这门"学问"，做一个好编辑，必须有"四心"：高度的责任心、真诚的服务心、奋发的创新心、不倦的精品心。

高度的责任心

编辑工作是在生产精神产品，生产的每一个产品都要对社会、对人民负责。为此，编辑人员必须有强烈的社会责任心。这种责任心，来自编辑人员正确的政治观念，知道自己工作的重要意义，故能以大局为重，不辱使命。

在众多纷繁的稿件面前，编辑的责任是永远保持清醒的头脑，在大是大非面前毫不含糊，站稳立场，不被歪风邪气吹倒。因为编辑工作是一种文化的创造和传播工作，承担着重要的社会责任。

目前，社会上各种观点多元化，实际上是利益多元化的体现。如何保持一双慧眼，避免被舆论绑架，不跟风、不炒作，是值得每一位编辑深思的。具有责任心的编辑都会勇于担当，不盲从、不随意是他们工作的重要准则，是做好编辑工作的首要条件。

真诚的服务心

编辑工作十分繁杂，十分辛苦，实际上是一项服务工作。编辑人员应当尽心尽力为作者服务，为读者服务。

来稿的作者水平参差不齐。作为编辑，应当一视同仁，对任何稿件都要严格把关，按程序办理，不能根据作者的名气大小、权力大小办事。有的人对熟人、名人的稿件就轻易地一路绿灯，对无名小辈则处处设卡，而不是热情扶持培养。这样做，在编稿过程中就发现不了人才，也难以让新作者有较快进步。编辑对稿件的处置权是服务权，不是刁难之权，也不是敷衍塞责之权。

邹韬奋在当编辑时，"重质不重名"，不"以情面敷衍之"。即使对老前辈的文章也绝不马虎。而对初出茅庐的无名小辈，他常抱有奖掖提携之心。他说："我对取稿向来严格，虽对我敬佩的朋友亦然。"

编辑的服务心除改稿外，还表现在通联工作上。认真收集反馈、加强编采合作、重视群众工作，都是编辑工作的组成部分。一个好编辑必然是善解人意、有组织能力的人。

奋发的创新心

编辑要努力跟上时代步伐，有创新精神，提高选题策划能力、公关组稿能力和宣传推广能力。编辑不是一个人坐在办公室看稿就万事大吉了，而要善于获取、分析、利用各种信息，做好选题策划。应当与作者群、读者群建立经常的、广泛的联系，成为他们的贴心人。

人民日报社总编室的一位编辑曾说："无论是稿件的采写、选题的策划，还是版面的编辑，需求无止境，创新便无止境。"他们认为，自我设限，画地为牢，难有创新。创新要创新观念、创新内容、创新形式、创新方法、创新手段，努力使新闻工作体现时代性、把握规律性、富于创造性。

不倦的精品心

编辑人员要把选出精品、编出精品作为自己工作的立足点，减少一般化的产品和次品，把最好的作品献给读者。在编稿中把稿件编得文从字顺是第一步。第二步要考虑编得有意思、有深度。第三步要考虑形式新颖，让人耳目一新。在制订报道计划时，要把精品作品作为计划的核心。

抓精品要抓住"新""近""深"，即抓住那些有新意的、贴近群众的、有深度的稿件。在组稿、编稿中既要有强烈的愿望，又要有扎实的措施，始终如一，常年坚持。

为此，编辑人员应有稳固的知识结构。主要的知识是语文业务知识与广博的各类学科知识，具备较高的文字驾驭能力。现在，有的大学开设了编辑专业，专门培养编辑人才，这是一个可喜的现象。

我们常可见到一种情况：有的文章发表出来后文字干瘪、套话连篇、乱造概念、哗众取宠，这就与编辑人员的思想、知识和文字水平欠缺有关。编辑人员只有把阶段性学习与终生学习相结合，不断提高觉悟、钻研业务，才能跟上时代的步伐，适应形势的需要。

第42问：怎样把"一团乱麻"的稿件编成精品

报社、杂志社都设有总编辑、副总编辑，还有编辑部、编委会、总编室等。正是这些人员和机构，带领着媒体全体职工出报刊、办网站。由此可见，编辑工作在媒体中有着十分重要的作用。

什么是编辑工作

编辑工作有宏观编辑与微观编辑之分。宏观编辑指的是制定媒体方针、编辑方针和宣传方针，确定媒体的形象与风格，对新闻报道进行选题与策划等。微观编辑指的是选稿、改稿、做标题、排版等工作。

宏观编辑与微观编辑是紧密联系的。比如，撰写本媒体编辑部文章、社论时，先要从大局出发选好题目，然后由编辑人员实施写作。写好后，再交上级审稿。编辑人员在改稿件、做标题时，要考虑符合本媒体的编辑方针。

新闻编辑工作就是将新闻初始产品加工为新闻成品的工作。新闻编辑工作的主要特点可以用12个字加以概括：集大成、总把关、再认识、再创作。

集大成：指的是把记者写的稿件、评论员写的评论、读者来信、摄影记者拍的照片、资料员收集的资料都归到编辑手中，由编辑集中选用。

总把关：指的是有的稿件能上版，有的稿件要淘汰，编辑是最后一个把关人。编辑也要与记者一样，有时效意识，对新闻事实的时效加以关注，对新闻策划的时效予以提前，对出版发行的时间适时掌控。

再认识：指的是对来稿有一个重新认识的过程。这是因为编辑与记者所处位置不同。记者感性认识多些，编辑理性认识多些。编辑看得更全面一些，可根据媒体需要进行加工修改。

再创作：指的是编辑根据媒体需要必须对来稿进行加工修改。有的稿件在结构上要调整，有的稿件在文字上要把关、润色。

怎样修改稿件

送到编辑手中的稿件质量高低不同。有的文理通顺、观点明确，稍加改动即可发表。有的看上去像"一团乱麻"，缺少头绪，需要下力气修改。

怎样把一篇稿件改成精品？

改稿要先通读原稿，不可以看一段改一段。看完后，设想一个改动方式，是小改还是大改？怎样删节？有的文章虚话太多，就应压缩。有的文章则要增补一些背景材料和遗漏的新闻要素。有的文章主题与素材均不错，但写得太乱，需要改写。修改文字从改错别字、病句开始，把穿靴戴帽的套话、空话删去，留下精华部分。

有的"一团乱麻"的稿件经过高明的编辑修改、搭配、点评后，可能"身价倍增"，成为一篇佳作、精品。常言道："好厨师手下无废料。"在媒体中则是"好编辑手下无废稿"。旧闻可以新编，死稿可以复活。这样的例子有很多。

在编辑工作中，有一点十分重要：必须对稿件中的新闻事实进行核对确认。报界有一句老话："宁可让一条可疑的新闻，延缓24小时刊载。"可以通过分析、查阅、询问等方式保证新闻事实准确。对该质疑的地方要大胆质疑。因为事实有误是稿件的致命伤，必须严格把关。

比如，有一篇报道说的是一名智力缺陷儿童在老师的教育下，现已能使用1万多个汉字。有经验的编辑马上会联想到，现在常用汉字才3000多个，电脑中通用汉字库才收录汉字6000多个，新华字典收录汉字不足1万个，因此上述报道中说该儿童认识1万多个汉字的消息是不可靠的。

对文章中的观点应当十分注意，观点应是正确、新颖、有说服力的。对一些似是而非的、偏激的观点应加以纠正。比如，有的介绍中医的文章，说中草药没有一点副作用，能治疗百病，而西医只能是"头痛医头，脚痛医脚"，把西医贬得一无是处，这种观点就偏激了。又如，有的描写先进人物的稿件，随意拔高，虚构情节，把一切漂亮的光环都往人物身上套，甚至有的违背了常理。

鉴别力与整合力

编辑是在制造文化产品，要有高超的技能和工匠精神。编辑最主要的能力是鉴别力与整合力。有了鉴别力，就能选出好稿。要淘汰那些没有新闻价值的稿件、虽有一定新闻价值但导向不正确的稿件、与本媒体定位不符合的稿件。

编辑人员对稿件有处置权，但是不能随心所欲地处置。对待名人的稿件，该改的地方还是要改。因为名人并非完人，也有纰漏之处，"不以情而敷衍之"。对待新手或晚辈的稿件，不能横挑鼻子竖挑眼，而要出于爱护、扶持的心态，耐心指出其不足。要充分尊重原作者的意见，尽量保持原文的特色。

老新闻工作者邹韬奋说得好："我对于选择文稿，不管是老前辈来的，或是幼后辈来的，不管是名人来的，或是'无名英雄'来的，只须是好的我都竭诚欢迎，不好的我也不顾一切地不用。在这方面，我只知道周刊的内容应该怎样有精彩，不知道什么叫情面，不知道什么叫恩怨，不知道其他的一切。"

编辑人员要站稳立场，不被鼓噪一时的社会舆论左右，不轻信一些所谓"专家"的一家之言，而是有独特的慧眼，有坚定的意志，不当墙头草。

人民日报社原总编辑范敬宜说过："编辑工作中学问大得很，乐趣也大得很。真正钻研进去，就会发现毕一生之力也难穷尽此道的奥秘。"他的这段话，值得每一位编辑深思。

第43问: 为何要"热情地下笔，冷静地下刀"

有一位作家说，写文章要"热情地下笔，冷静地下刀"。这是他的写作实践，也是经验之谈。

"热情地下笔"，说的是在开始写作时，可以大胆放开，洋洋洒洒，一气呵成，把想到的、要写的都写进去，在大框架搭好的情况下，不必太拘泥于细节，不必咬文嚼字，先把它写下来，有了一个初稿，然后再找出其中的不足加以补充和修改。

"冷静地下刀"，说的是在修改文章时，头脑要冷静，要斟字酌句，细细推敲，该删除的删除，该润色的润色，该增加的增加，该调整结构的调整结构，使文章一步一步变美，变得准确、鲜明、简洁、生动。

修改文章的三个故事

在文坛上，"冷静地下刀"修改文章的故事很多，对读者很有启发。在此举三个例子：

——战国时期，秦国吕不韦主持编撰的《吕氏春秋》写成之时，曾张贴告示，通知官民，凡是能给该书增添或删减一字者，可赏金千两。吕不韦认为，文章要写得血肉丰满、严谨精当，不能有半点疏忽。他这样认真地对待文章的修改，在历史上留下了美谈。

——清朝戏剧文学家洪昇在写《长生殿》时，稿本的名就改了好几次，先是叫《沉香亭》，后改为《舞霓裳》，最后才改为《长生殿》。在改稿的过程中，他时时吟咏，发现不够上口之处便修改，对每一曲牌、曲调、人物出场次序都冷静地精雕细琢，历时10年，呕心沥血写成此剧。

——近代作家杜鹏程写长篇小说《保卫延安》时，在4年内九易其稿。开始时，他用了9个月的时间写成了100多万字的初稿，其中真人真事有100多人，作品有点杂乱。第一稿不满意，怎么办？他开始了冷静的修改工作，把100多万字改成了60多万字，最后又改成约30万字才定稿。

由此可见，认真修改文章是写作过程中不可缺少的重要环节。

修改文章的三个好处

"冷静地下刀"修改文章，有什么好处呢？

一是可以培养作者严谨的写作态度。在修改文章的过程中，对文中的错别字要改正，对生僻字要弄懂含义，对典故、名言要核查出处。经常修改文章，作者便会养成一种严谨的写作态度，把文章的差错减到最少，逻辑思维能力可以迅速提升。这既是对自己负责，也是对读者负责、对社会负责。

鲁迅说过，他写好文章后至少看两遍。至多看几遍？他没有说，应当是更多，足见他的写作态度之严谨。

二是可以使文章的质量得以提高。好文章是写出来的，在这个"写"中，也包括了"改"。在修改文章的过程中，可以删去那些冗长啰唆的话，使文章更好读、更精致。同时可以使文章的结构更合理，构思更巧妙，语言更生动，标题更醒目，主题更突出。

三是可以使写作水平不断提高。修改文章的过程实际上就是写作者不断提高写作水平的过程。你想要在写作上进步吗？那就要克服骄傲自满、故步自封的情绪，认真修改自己的文章。在修改文章的过程中你会发现，原来自己以前许多地方还考虑得不周到，遣词造句不够优美。通过从大处着眼、从细处入笔，发现问题，加以改正。

古人云："文字频改，工夫自出。"指的就是通过多次修改文章，就学会了写文章的真功夫。

为什么报社的一些老编辑写作水平很高？就是因为他们修改的文章多，每天都在修改自己的和记者的稿件，常年积累，写作水平哪有不高之理？

修改文章的六个关注

"冷静地下刀"，从哪里下呢？需要有六个"关注"。

关注一：文章主题是否深刻、鲜明、新颖。修改时应牢牢抓住主题，突出文章的中心思想。

关注二：文章的结构是否合理。注意段落之间的衔接，注意首尾呼应，使文章呈现整体美。

关注三：素材运用是否太多或太少，是否典型。只有切合主题的、典型的素材才是可用之材。对那些与主题无关的、不典型的素材要忍痛割爱。

关注四：句子和用词是否妥当。把长句改短，把晦涩生僻的词改成通俗易懂的词，写完后读两遍看看顺不顺口，绝不能写出那些连自己都读不通顺的句子。

关注五：标题、开头、结尾力求精彩。以标题吸引人，以开头引导人，以结尾启发人。

关注六：文章的篇幅是否合适。篇幅既不宜太长，也不必刻意求短，要符合征稿和媒体的要求。

有的时候，可以对文章进行"冷处理"。对一些时效性要求不太高的文章，可以"冷"它一两天再来修改，这样便可以避开创作初期的冲动，把文章改得更稳、更扎实。

有的时候，修改文章还可以征求一下朋友的意见，听取正确的意见，集思广益，为我所用，也是大有好处的。

第44问：做标题有口诀吗

口诀，指的是人们根据事物的内容编成的便于记诵的语句。人们通常熟悉的有乘法口诀、珠算口诀等。

一些日常用的乘法口诀、珠算口诀不仅运用在计算中，而且成为人们说话或写文章的表达方式。比如，"不管三七二十一"，指的是不顾一切，不问是非情由；"三一三十一"，是中国式的AA制，意为每人占三分之一；"二一添作五"，则代表每人一半；"三下五除二"，指做事干脆利索，快速拿下……

笔者在讲新闻课时，为便于学员们记忆，尝试着把制作消息标题的方法编成口诀，让学员们在轻松愉快中完成作业。这个口诀是：

> 主题凸显动词巧，字数二十莫再爆。
>
> 对仗肩题勤用功，细心修改多比较。

在做消息标题时，对照一下这个口诀，相信会有收获。

主题凸显动词巧

标题是文章的"眼睛"，眼睛要明亮、动人。

消息的标题有一行题、两行题、三行题之分。一行题是单一结构，是一个完整的句子。两行题的形式有两种：一种是肩题（又叫引题）加正题

（又叫主题），另一种是正题加副题。三行题为肩题、正题、副题都有的标题，一般用于重要的消息上。

在制作消息标题时，必须把握好文章内容的主题，让它凸显出来。在正题中，必须把主要的新闻事实展示出来，揭示新闻事实最富有价值和深意的内容。

我们来比较以下两个标题：

我国新闻通信手段的新突破
新华社中文发稿处理系统显示优越性

新华社中文发稿系统运用微电脑技术
一万多字新闻稿七分钟就发完

两者相比，显然第二个好不少，因为它把握了新闻事实的要点，十分具体地说出了发稿系统的长处，而不是笼统地说"新突破""优越性"。

一位资深编辑在讲到做标题时说："做标题，一定要设法把'题眼'拎出来，加以强化，切忌用'官题'。"这是十分中肯的。

这句口诀的另一层意思是，消息标题要表达出事物的运动状态，因此标题中必须有动词，表现为一个完整的句子。这个句子应是主谓结构的，也可以由主语、动词、宾语组成。

如果标题上全部是名词而没有动词，作为通讯的标题是可以的，但作为消息的标题是不可以的。比如，"江南的春天"这个标题，可以写通讯，写消息时则要改为"江南春天来临""迎接江南春天"，要有一个动词。

有一家报纸发表过一篇关于冷空气的消息，标题为"五年来同期最强冷空气"，就显得不完整。应改为"五年来同期最强冷空气即将到来"或"五年来同期最强冷空气到达我省"，才是完成了一个完整的消息标题。

字数二十莫再爆

这句口诀的意思是，正题的字数一般不要超过20个字。

标题的字数长短并无统一规定，该长则长，该短则短。但是，太短，有时不能反映出事实的内容；太长，又显得啰唆。

以前办报纸时提倡短标题，一来是标题醒目，二来可以少占用版面，通常不超过十一二个字。现在是网络时代，各种报道在电脑上、手机上展示，为了有一定的信息量和关键词，标题的字数普遍变多了。统计1447篇网络文章的标题后发现，标题字数一般在15—27个字，大多接近20个字。阅读量在10万人次以上的"爆文"平均标题长度为21.66个字，比报纸上的标题要长。

由此可见，在一般情况下消息的正题字数少于20个字是比较恰当的。偶尔超过几个字也可以，但不要太长。标题太长，不但冗长沉闷，而且在电脑或手机上显示时，20个字之后的文字常常变成了省略号，内容被湮没了，标题也就失去了作用。

如果正题20个字不够用，可以通过肩题或副题加以补充。不要试图将消息的所有重要内容都放在正题上。三四十个字的长标题读起来费劲，重点不突出，读者见到也会厌烦。

对仗肩题勤用功

这句口诀的意思是，可以在做肩题上尝试用对仗句。这种做题的方法，生动而有文采，越来越受到记者、编辑与读者的欢迎。当然，正题做成对仗形式也是可以的。

对仗的基本要求是相对的句子字数相同、句型相同，名词对名词，动词对动词，形容词对形容词。格律诗的对仗有平仄声方面的要求，力求工对。做消息标题时，工对与宽对都是可以的。

《环球时报》上刊登过一篇关于教培机构转型的报道，标题是：

> 现有市场基本饱和 专业门槛不易突破
>
> 教培机构转型，这三条路有戏吗？

这里的肩题，就是用的对仗句。

《生命时报》上刊登过一篇关于补钙食物的报道，标题是：

> 酸奶牛奶是首选 豆腐青菜不能缺
>
> 补钙食物也有金字塔

肩题中也是用的对仗形式。

当然，正题做成对仗形式也是可以的。《人民日报》也出现过许多正题为对仗句的标题，如"跑出加速度 迈上新台阶""奋斗百年路 启航新征程""带着线索去 盯着问题改""守望相助推进合作 同心协力共迎挑战""绿了荒山 富了百姓"等。可见，在正题上用对仗句也越来越受到重视了。

细心修改多比较

这句口诀的意思是，标题做好后要多改几次，选一个最满意的。文章不厌百回改，标题也是这样。有的文章内容一般，换了标题后阅读量直线上升。

修改标题时可以巧妙地运用修辞手法，用设问、反问、对比、比喻、层递、借代等手法，也可以运用古诗词或群众鲜活的语言，通过求新求变吸引读者。

有一条消息的原题是"翻4000米高山、吃冰充饥：拼命读书的人生，没那么多失望"。后来，经编辑之手改为"7岁男孩翻4000米高山：拼命读书的人生才没有失望"。从这两个标题来看，显然后者比前者好。因为标题突出了一个7岁的小孩子竟能翻过4000米高山，画面感一下子就出来了。这种强烈的对比，凸显了孩子对读书的渴望，让人很想读一下全文。

什么是好标题？好标题是与文章内容相符的、能表现主题又能吸引读者的。人们不喜欢套话标题，也不喜欢标题党，是因为前者过于平淡，后者故弄玄虚、哗众取宠。

站在读者的角度取一个好标题，是精进写作者的孜孜追求。在这方面，我们要继续努力！

附：编辑心得笔记——用形象思维方法做标题

在做新闻标题时，常用的是逻辑思维方法，即把稿件的内容熟读后，抓住主题，形成一个相对完整的主题思想，充分理解后，拟出标题。

比如，以下两个标题都是用逻辑思维的方法来做的：

我国农村基层政权体制改革见成效

首届国家奖学金颁发　四万五千大学生受惠

在这两个标题中，作者根据新闻的事实内容进行判断、推理，得出了结论，用逻辑思维的方法概括出了"见成效"和"大学生受惠"的事实。这是一种做新闻标题的常用方法，比较直观，让人一看就明白了。

然而，有的记者、编辑并不满足于此，他们还常常用形象思维的方法来做标题，以引起读者的兴趣。如"雷达表苦斗飞亚达""服务价格：像雨像雾又像风""保护敦煌 电脑出兵"等标题，都是形象思维的作品。

什么是形象思维？形象思维是一种复杂的多途径、多回路、非线性的思维方式，需要灵感与顿悟。

在做新闻标题时，记者和编辑脑子里出现的除了正文中的材料、数字和概念外，还出现了一个个形象，随着情感的起伏和丰富的联想，抓住一两个形象，写出具有意境之美的文字。这样做出的标题就更具想象力和美感。

比如，王军霞当年获奥运会 5000 米长跑冠军的新闻，用逻辑思维的方法可以这样做标题：

王军霞获五千米冠军
为中国队又添一金牌

而用形象思维的方法可以这样做标题：

飞鹿独步赛场
军霞红透天外

评析：在这个标题中，"飞鹿"是标题制作者想象出来的一个形象，飞鹿是跑得飞快的，寓意王军霞。标题中的"军霞"，则是巧用王军霞的名字比作红霞。"红透天外"说的就是夺冠了。

由此可见，用形象思维的方式来做标题，可以使标题显得活泼可亲，能让读者引发联想，产生良好的效果。

以下5个新闻标题均用了形象思维的手法：

（1）火星你好 天问来访

评析：这是用拟人化的手法，把"天问一号"登陆火星的新闻写得生动有趣，好像是两个人在对话，展示了中国航天事业的历史性突破。

（2）花是一座城 城是一朵花

评析：这条新闻写的是攀枝花市的事情，反映的是该市的建设成就与生态文明。标题中巧用攀枝花市的这个"花"字，形象地说出了这座城市之美。

（3）怎样给珠峰量"身高"

评析：给人量身高可用尺子，给珠峰量身高该怎么办？这篇稿件是珠峰测量顾问写的解读文章，科技含量高，学术性强。这个标题用设问句和拟人手法，比喻形象，通俗易懂，引起读者的好奇与阅读欲望。

（4）播撒冰雪运动的种子

评析：人们脑海中"播撒种子"的形象是怎样的？可能有多种多样。"春种一粒粟，秋收万颗子"，有播撒才能有收获。这个标题用播撒种子来表达北京冬奥会举办前，推广冰雪运动已渐成体系，有越来越多的人开始参与冰雪运动，十分形象，有画面感。

（5）庙底沟彩陶的"浪漫旅程"

评析：彩陶是静物，赋予彩陶生命、让它"浪漫旅行"的是文章作者。河南省庙底沟的彩陶在中国古代是如何流通的？它对中华文明的发展和中西文化的交流有何重要意义？标题虚实结合，让彩陶活了起来。

形象思维是人类思维活动中一种最鲜活、最生动的形式，在新闻写作中具有重要的作用，可以使新闻作品达到内容与形式的完美统一。用形象思维手法做新闻标题的好处是显而易见的。

不过，在用这种方式做标题时，不可天马行空、漫无边际地随便联想、夸大，使标题失真。这种"题文不符"的情况时有发生，这是需要预防和警惕的。

第 45 问：新闻标题上可以用标点符号吗

近日，上海的一位通讯员小蒋发问："在做新闻标题时可以加上标点符号吗？"笔者的回答是："有的标点符号可以加，有的标点符号不可以加，具体情况要具体分析。"

以下是笔者归纳整理的标题上标点符号的用法，供参考。

第一，标题中不用句号。句号代表的是文章中一句话完了之后的停顿。新闻标题作为对全文的概括，是不用句号的。即使标题是两段文字，中间有逗号，结束处也不用句号。

例：

我国首个海外保障基地建成投用

巴金：巨星陨落，光还亮着

这两个标题都是完整的句子，但是在结束时不用句号。

第二，标题中不用分号。分号是介于逗号和句号之间的标点符号，用以分隔存在一定关系的两个分句。新闻标题的字数一般在二三十字之内，中间如要用标点符号，用逗号、冒号、破折号等均可以，也足够了，没必要用分号。

第三，标题上基本不用括号。因为标题力求简洁明了，所以很少在标题上用括号（个别情况除外）。

第四，新闻标题中间可以用的标点符号有以下几种。

（1）标题中最常用的是逗号。

例：

中国海上风电，全球遥遥领先

在这个标题中，用逗号表示这句话中间的停顿间隔。在做这类标题时，有时也可以不用逗号，用空一格代替。

例：

首届国家奖学金颁发 四万五千大学生受惠

（2）标题中可以用顿号。

例：

集中整治网络暴力、散播谣言等问题

共同走和平、安全、进步之路

在这两个标题中，"网络暴力"与"散播谣言"是两个并列词，"和平""安全""进步"是三个并列词，用顿号分开显得意义明确。

（3）标题中可以用冒号、引号。

例：

美媒："崛起派对"后中国的变化

三亚：走向世界的滨海旅游名城

务实创新：新部长们的承诺

精准扶贫的"延安答卷"

（4）标题中可以用破折号。

例：

毛主席的好战士——雷锋

县委书记的榜样——焦裕禄

在消息的肩题上，也常用破折号。

例：

河北省雄安新区——
线上线下 文化惠民

在通讯的副标题上，也常用破折号。

例：

在农村的好形势面前
　　——安徽采访札记

（5）有时在标题中也会用到间隔号。除"一二·九"运动、"九·
一八"事变等数字间要用间隔号外，在标题中并列的几点也可用间隔号。

例：

理想·情操·精神

生活·人物·故事

第五，新闻标题结尾时，一般情况下不用标点符号。有的文章标题结尾时为加重语气、吸引读者，会用问号、感叹号、省略号。

（1）用问号结尾。

例：

美 83 岁大法官"战术性退休"？

如何有效阅读一本书？

有一些疑问句在标题上不加问号也是可以的。

例：

农产品收购资金哪里去了

决策为何连连失误

（2）用感叹号结尾。

例：

广州菜市场买肉不难了！

感叹号有时也可以出现在标题中间。

例：

一周倒计时！北京冬奥热身中

（3）用省略号结尾，会给人意犹未尽的感觉，引发读者的好奇心。

例：

中国最值得尊敬的企业竟然是……

事情要从我们收到两封信开始说起……

第六，随着网文的兴起，有些别出心裁的标题把问号、感叹号放到了标题的最前面。

例：

？——收款1元6发票开2元

！——为多拿奖金 拒绝收现款

这种把问号、感叹号加破折号作为标题开头是很少见的，在一般情况下不必使用。

第 46 问：怎样做会议新闻标题

如何做好会议新闻的标题？这是一个值得研究的问题。笔者在此抛砖引玉谈一些看法，以期引起媒体人的关注。

"召开""举行""举办"最常用

在做会议新闻的标题时，最常用的三个词是"召开""举行""举办"，10 篇报道中有八九篇会用这三个词。

比如，用"召开"的标题经常是这样的：

江西宜春召开林业重点工作会议

中央企业负责人会议在京召开

用"举办"的标题是这样的：

菏泽分行举办进出口企业交流会

中国重汽进出口系统举办驻外人员经验交流会

用"举行"的标题是这样的：

2021 创投峰会在复旦大学举行

首届中国国际热带博览会在广东佛山举行

在做这些标题时，要注意"举办""举行""召开"的不同用法。

"举办"有"操办""经办"的意思，"举办"两个字一般用在标题文字中间。用"举办"时，要求主语是人或者组织。比如，"北京大学举办2021年夏季运动会"，这里强调的是"北京大学"作为主体举办这次活动。

而用"举行"时，常常是列出时间、地点，"举行"两个字一般用在标题文字最后。比如，"2021年夏季运动会在北京大学举行"，强调的是"北京大学"作为地点开展这次活动。

"召开"是召集的意思，强调的是召开会议的主体，一般用于正式会议。"召开"两个字可在标题文字中间，也可以放在最后。一些活动如运动会、展销会、演讲会等就不用"召开"。

用"召开""举办""举行"等词语来制作会议新闻标题，很省力，也很方便，把会议名称、主办单位适当地组合上"召开""举办""举行"就成了。它传达了会议的名称或主办方、地点，告知读者发生了这件事，是会议新闻标题最常用的方法。

可以有五种改进方法

长期这么做下去，就会发现用"召开""举行"等词的这些标题还是有不足之处的：不生动，没有说出会议的核心内容。

如何改进？笔者认为，如果采用以下五种方法，便可避开"召开""举办""举行"等词语。

方法一：用"会议提出""会议要求""会议指出""会议强调"等词语，再加上会议的中心内容，组成一个标题。

例：

市政府专题会议要求
坚定不移贯彻新发展理念 锁定目标推动高质量发展

中央经济工作会议指出，加大对绿色发展的金融支持

我市召开会议强调要妥善安置退役士兵

省委工作会议提出"两个确保"和"十大战略"

用这个方法的好处是既说出了会议名称，又突出了会议主题，不妨一试。

方法二：在会议新闻的标题中用问号。

例：

昨天召开的全市干部教育培训工作会议，提出了哪些要求？

八七会议提出了什么？

货币政策委员会例会有哪些新提法？

用这个方法的好处是既说出了会议名称，又能引发读者的阅读欲望，为写出会议精神做了铺垫。

方法三：用"侧记""特写""速写"的方式来写会议新闻。这样写，不是写消息，而是要写成通讯。

例：

　　乘势而上　赶超跨越
　　　　——贺州市委四届十次全体会议侧记

　　新形象　新风气　新起点
　　　　——全国国土资源工作会议会场特写

　　新世纪的新姿态
　　　　——全省档案工作会议速写

　　用这个方法的好处是写出的会议新闻比较灵动，富有生气，摆脱了会议新闻用消息方式来写的模式。
　　方法四：把会议最突出的内容作为正题，另外用肩题、副题说明会议名称和其他内容。
　　例：

　　国家科委、国家农委联合召开授奖大会
　　授予籼型杂交水稻科研协作组特等发明奖
　　同时授予棉花良种鲁棉一号一等发明奖

　　以上这种标题常用在比较重要的会议上。
　　也可以在标题上不写会议名称，直接写突出内容。
　　例：

　　标志我国科学技术和工业水平向新的高峰发展
　　北京正负电子对撞机国家实验室奠基

这样做标题，不突出"会议"而是突出会议最核心的内容，是应当加以推广的。

方法五：用领导或会议代表在会议上的一句话做正题。

例：

市领导寄语我市少先队员
努力学习担当未来建设重任

"全体起立，向人民的领袖致敬！"
——新政协筹备会休会前二十分钟的速写

"中国人从此站立起来了"
——中国人民政协第一届会议特写

综上所述，会议新闻的标题是可以多种多样的，是可以做得更精彩的。在这方面，需要我们继续探索与实践。

附：读报笔记——《人民日报》优秀标题的一个特点

2021年，《人民日报》好新闻评选小组评选出好标题作品70件。其中给人印象深刻的是那些用词对比反差强烈的标题，它们让人眼前一亮，值得我们学习与借鉴。

以下举10个例子加以说明。

标题一：小将闯大赛 首秀即捧杯

在这个标题中，"小将"与"大赛"对比强烈，"首秀"与"捧杯"

形成反差。虽然标题只有短短10个字，但反映出年轻选手勇于拼搏、敢于挑战的精神与勇气，揭示了第一次亮相就取得优异成绩的实力。

这个标题运用了对仗的手法，既工整，又活泼。

标题二：石旮旯开花结出致富果

"石旮旯"指的是石头缝以及屋子或院子里的角落，指的是狭窄、偏僻的地方。北京人民艺术剧院曾演出过一出话剧《旮旯胡同》。

在这个新闻标题中，"石旮旯"与"致富果"形成强烈的反差对比，指出了精准扶贫给当地经济发展带来的巨大好处。标题具有浓郁的乡土气息，给人以美的享受。

标题三：幸福慢车 致富快车

"慢车"与"快车"是一组对比。"慢车"怎么是幸福的？"慢车"为何能成为"致富快车"？这两个问题引起了读者的好奇。

原来，"慢车"指的是行驶在云贵高原上的绿皮火车。由于通了火车，使当地山区村民致富了，带来了生产的发展、物资的畅销和生活的幸福。

这个标题只用了短短的8个字，就道出了事情的发生、变化与结果，独具匠心。

标题四：两万步带来"零距离"

在这个标题中，"两万步"与"零距离"是何等大的对比！人们不禁要问："两万步"指的是什么？"零距离"是怎样产生的？

文章中记述了网络技术与走进群众家中的关系，道出了深入基层、深入实际的重要性。

标题五："正步"人生 从未"稍息"

"正步"与"稍息"形成反差。"正步"是在行动，"稍息"是短暂的静止。这个标题既表现了文中仪仗兵的常态动作，又表达了他们奋勇向前、永不停步的人生态度，让人过目不忘。

标题六：减费"红包"激活经济"细胞"

"红包"与"细胞"，巧妙地运用了谐音，说出了金融系统减费让利的做法给激活经济带来的好处，使各个经济实体增添了发展的动力。

标题七："虽然有苦，还是甜多"

这是一句扶贫干部的心里话。"苦"与"甜"是反差强烈的两个字。只有不怕吃苦、敢于吃苦，才能尝到甜头、结出甜果。在这个过程中，必须付出巨大的体力与脑力。

为梦想而执着，为幸福而追求，经历苦的煎熬，才会发酵出甜的滋味。标题富有哲理，值得借鉴。

标题八：让更多"小巨人"撑起"大创新"

富与穷、大与小、白与黑、先进与落后，都是反差强烈的对比词。此处的"小巨人"与"大创新"也形成了对比。

标题中的"小巨人"指的是十几家获得2020年国家科学技术奖的具有"专精特新"特色的中小企业，这些企业充满创新活力，成为时代创新的科技尖兵，值得学习与推荐。

创新，是推动发展的第一动力。抓创新就是抓发展，谋创新就是谋未来。只有把原始创新提升至更加突出的位置，才能实现更多"从0到1"的突破。

标题九：一针一线编织时光倩影

"一针一线"是慢动作，"时光倩影"是漫长岁月。在对比之中，文章讲述了法国一种传统工艺技术——阿朗松针织花边。它是联合国教科文组织列入非物质文化遗产名录的一项。在工艺家们的一针一线中，为时代、为历史留下了珍贵的工艺品与难忘的记忆。

标题十：绿色债券"红"起来

"红花还得绿叶扶"，"红"与"绿"是两个常用的对比字。

　　标题中的"绿色债券"指的是支持绿色项目的债券，以助力实现碳达峰、碳中和目标。这种债券所募集的资金专门用于支持绿色产业、绿色项目或绿色经济活动。随着"绿色债券"发行管理模式更加优化，为它的发展提供了稳定框架和灵活空间。"绿色债券"一定能火起来、红起来。

第 47 问：做小标题有何窍门

在写文章时，除了主标题之外，常常会用到小标题。

当一篇文章是从不同角度、用几则材料来表达主题时，为避免整篇文章文字太多而引起的冗长沉闷感，就应当考虑设立几个小标题。

在文章中使用小标题，可以使文章段落更清楚，章法更新颖，形式更别致，过渡更便捷，主旨更突出。

做小标题的窍门可以简单地归纳为 4 句话：围绕主题来拟定，相互之间要关联，力求具有艺术性，字数基本要相等。

围绕主题来拟定

小标题应当紧紧围绕文章主题拟定，而不应游离于主题之外。

2022 年 1 月 26 日《人民日报》第 9 版上发表的《为加快建设世界重要人才中心和创新高地贡献力量》一文，约 3000 字，文中拟定了 3 个小标题：

> 坚定自信，充分发挥教育在人才培养中的基础性作用
> 聚焦高水平科技自立自强，积极参与国家战略人才力量建设
> 深化体制机制改革，充分激发学校和人才生机活力

在这 3 个小标题中，都有"人才"两个字，与主标题中的"建设世界

重要人才中心"这一主题紧密联系，很好地起到了呼应主题的作用。

通讯《鹰厦铁路纪行》中的 3 个小标题是：

> 踏着红军走过的道路
>
> 穿过武夷山区
>
> 火车开进了闽北山区

这 3 个小标题都是写的鹰厦铁路，从江西鹰潭写起，写到武夷山区，再写到闽北，每处都有筑路英雄的动人故事，很好地把文章串联了起来。

相互之间要关联

小标题之间要互相关联，上下浑然一体。

2022 年 2 月 4 日《人民日报》第 5 版冬奥特刊上发表的通讯《今夜，世界望向北京》的 3 个小标题是：

> "双奥之城"，熠熠生辉
>
> "冬奥之变"，续写新篇
>
> "希望之光"，照亮未来

在第一个小标题下，讲的是北京作为 2008 年夏季奥运会、2022 年冬季奥运会主办城市的活力景象。在第二个小标题下，讲的是让更多人参与冰雪运动。在第三个小标题下，讲的是对北京冬奥会开幕式充满期待，北京冬奥会将点燃希望与光明的火炬，照亮前行之路。

这 3 个小标题是互相关联的，把这篇通讯中十几个素材很好地分门别类、归纳组织起来，写成了上下浑然一体的好文章。

在这篇《中非合作，交流农业"致富经"》新闻中，3 个小标题是：

"好味道"创造好日子

"带头人"培育示范田

"扦插条"长出大果园

"好日子""示范田""大果园"有因果关系，环环相扣，3 个小标题下说的都是农业致富的宝贵经验。

力求具有艺术性

有的作者在做小标题时斟字酌句，很讲究艺术性，这是一个很好的习惯。

通讯《如何看待山西经济负增长》的 3 个小标题是：

面对负增长：是"进"还是"退"？

煤炭产业：是"收"还是"放"？

追求 GDP：是"绿"还是"黑"？

这 3 个小标题做得很有艺术性，把"进"与"退"、"收"与"放"、"绿"与"黑"巧妙地对照运用。小标题中的 3 个问号与主题的问句相呼应，通过一一回答，文章内容丰富起来了，把理说透了。

某单位的一份政治思想教育总结文章的 3 个小标题是：

思想上充了"电"

精神上补了"钙"

工作上加了"油"

在这里，"电""钙""油"的比喻用得恰到好处，说明作者写得很用心。

有一篇关于改进领导工作作风的文章，其小标题是这样做的：

> 把身段"放下来"
>
> 把问题"摆出来"
>
> 把群众"请进来"

这3个"来"字用得好，说出了领导干部深入实际、深入基层才能获得真知的道理。

字数基本要相等

做小标题时，应尽可能做到几个小标题的字数相等或大致相等。

有些文章的小标题只有两个字。比如，通讯《南极，请你作证》的5个小标题分别是"使命""理想""意志""速度""素质"。从这5个方面来反映中华儿女考察南极的勇气与行动。又如，有一篇写优秀少数民族干部牛玉儒的报道，文章中的5个小标题分别是"勤政""激情""本色""考验""回声"。这种简约而具体的小标题，使文章段落清楚，好读好记。

小标题的字数多少并无限制，长些或短些都是可以的。2—8个字是比较通用的。

2022年1月31日《人民日报》第8版刊登的《网上办年货，省时省力也省心》一文的3个小标题都是8个字：

> 拇指一动，好货多多
>
> 品类丰富，年味浓浓
>
> 助农产品，人气满满

这3个小标题中的"多多""浓浓""满满"用得很巧妙，对得又工整，可见编辑是用了一番心思的。

也有一些小标题字数很多，小标题本身就是在叙述一个故事。在一般的文章中，这种方法很少用；在写长篇通讯时，可以用这种方法。

这篇通讯《矿工生命高于一切——河南陕县支建煤矿淹井事故抢险纪实》的小标题都比较长，6 个小标题分别是：

360 米地层深处，百余平方米的高台上，刹那间，站满了一个个惊恐万状的矿工

抢救！抢救！抢救！特急！事故信息很快传到中南海，惊动了党中央、国务院

官兵中的共产党员挺身而出，肩并肩，手挽手，用血肉之躯挡住汹涌的洪水，沙袋在人墙前慢慢筑牢，升高……

电话"8044"又急促地响了起来："省委书记到了现场，要和你们通话。"

在中国的矿难史上，成功利用通风管道为井下受困人员输送氧气、面汤、鲜牛奶，尚属首次

"那么多人在营救我们，我们就剩下最后的坚持了，大家排好队，盯着前面的人，一个一个出！"

尽管每个小标题的字数都很多，但作者在写作时还是考虑到尽可能使它们字数大致相等，没有出现太大的差异。

有学员问："在一篇文章中，设几个小标题为好？"笔者认为，最少是两个，至多为六七个，这要视文章的长短和内容而定。

第48问：通讯与消息有何区别与联系

从两本新闻作品集受到启发

在笔者的书桌上，经常放着两本书：一本是《人民日报70年通讯选》，另一本是《人民日报70年消息选》。

这两本书所选的新闻作品有什么不同之处？又有什么联系？经多次阅读，笔者在人民日报社两位副总编辑所写的前言中受到了启发。

时任人民日报社副总编辑吕岩松在《人民日报70年通讯选》的前言《讲述最鲜活的中国故事》中说：

> 这些通讯见证党和国家的历史进步与非凡成就，连缀成一部鲜活的新中国发展进步史……
>
> 这些通讯聚焦深刻改变中国的"第二次革命"，是一部壮丽的改革开放史……
>
> 这些通讯记录人民对美好生活的追求，是一部生动的人民群众奋斗史……
>
> 这些通讯讲述英雄先进事迹，为中华民族树立永不褪色的精神丰碑……
>
> 这些通讯放眼全球风云变幻，打开和平与发展、合作与共赢的世

界之窗……

这些通讯发挥舆论监督作用，为社会提供医治顽疾的良医妙方……

以上这几句话，是对 70 年来《人民日报》所刊登的通讯作品的高度概括，也是对通讯特点的精准论述。其中用到的词有"鲜活""聚焦深刻""生动""讲述""舆论监督"等，都是通讯的鲜明特点。

人民日报社副总编辑王一彪在《人民日报 70 年消息选》的前言《新闻里的中国》中说：

翻阅《人民日报 70 年消息选》，一篇篇记录时代风云的重大新闻，仿佛再现了党和国家 70 年的奋斗日志、发展轨迹，一个站起来、富起来、强起来的"新闻里的中国"跃然纸上……

……………

新闻里的中国，满纸皆是沧桑巨变的传奇。世界，从未像今天这般瞩目中国，也从未像今天这般渴望倾听中国！

……………

新闻里的中国，将我们带回改革开放这场中国"第二次革命"的历史现场，追寻中国共产党人前无古人的探索脚步。

……………

新闻里的中国，印证 70 年求索和奋斗，激励我们、昭示世人的"永恒"是：通向现代化的道路不止一条，只要找准正确方向、驰而不息，条条大路通罗马。

以上所说的"新闻"，从广义上来说是包含了新闻所有体裁，从狭义上来说指的是消息。上述论述中对消息所用的词为"记录""日志""轨迹"，是很贴切的。

两者既有区别，又有联系

通讯与消息是新闻体裁中两种最基本的形式。学会通讯与消息的写作，读懂通讯与消息，是走上新闻采编工作的第一步，也为写好新闻评论、深度报道打下了基础。

通讯与消息既有区别，又有联系。

通讯原先被称为"通信"。因为当时电报还没有发明，或因发明初期电报费昂贵，外地发稿往往是通过邮局寄信的方式进行的，因此叫作"通信"。后来，电报普及，费用降低，用电报发稿多了起来，"通信"便渐渐改成了"通讯"。通讯这个名称，也就是近百年的产物。

通讯是从消息发展而来的。所以，它与消息既有区别，又有联系。

通讯与消息的区别之处：

第一，通讯的特点是报道的详尽性、表达的形象性、语言的生动性，它可以比消息承载更多的内容。

第二，通讯的布局和写作手法与消息是不同的。消息常常用导语开头的倒金字塔写法，而通讯的写作手法就灵活得多，开头、结尾、结构丰富多彩，选择余地较大。

第三，通讯中有文学式的描写、抒情，有政论式的议论，这些都是消息很少具备的。

第四，通讯的篇幅一般要比消息长。

第五，通讯的时效性比消息略差。

第六，通讯与消息的分类也有所不同。通讯可以分为工作通讯、人物通讯、事件通讯、概貌通讯等。消息可以分为动态消息、综合消息、简明消息、经验消息、会议消息、特写消息等。

通讯与消息的相联系之处：两者都是新闻稿，都要有时效性、时代感；都要真实，不可虚构；都要求主题突出，条理清晰；同一题材的新闻，既可写成消息，也可写成通讯。此外，两者都要求报道的角度要新，要有创意，不可人云亦云、千篇一律。

认识了通讯与消息的区别与联系，有利于我们在写作时选择合适的新闻体裁，迅速、生动、形象地把新闻报道出去。

在这里，并不存在谁高级谁低级的问题。优秀的消息与优秀的通讯一样，都是时代的忠实记录者，都可以写出脍炙人口的精品力作。

第 49 问：怎样给文章"照镜子"

古人云："以铜为镜，可以正衣冠；以古为镜，可以知兴替；以人为镜，可以明得失。"从历史上看，镜子的诞生是与人类自身的探索和反思分不开的。人通过照镜子，可以认识自我，进行自我反思。

战国时代的齐国相国邹忌自以为很漂亮，也喜欢照镜子，他问其他人自己和徐公谁美，他的手下人为了讨好他，都说他更美。后来，他在会见徐公时，觉得自己相貌不如徐公，再一照镜子，在镜子里仔细看自己的模样，更觉得自己与徐公相差甚远。

《红楼梦》写刘姥姥进大观园，第一次看见镜子，以为镜子里的自己是亲家母，还向镜子里的"亲家母"问话。后来猛然想起，"常听大富贵人家有一种穿衣镜，这别是我在镜子里头呢罢"。说毕，伸手一摸，再细一看，可不是，镜子里的原来是自己。

照镜子，可以发现真实的自我。

从照镜子想到写文章

一篇文章写成以后，读者的反馈就是一面"镜子"，照一照，可以反映出许多问题。如果读者很少，没有什么反馈，如死水一潭，那就说明这篇文章写得不好。文章的反馈对于作品和作者而言都有着重要意义。

文章若能以反馈为镜子，作者便可了解读者需要什么、赞同什么、反对什么，得知自己文章的优点与缺点，可对文章进行修改，也可以在下一次写文章时吸取经验教训。

诗人闻一多的代表作《洗衣歌》曾几次重印发表，每次都做了修改。闻一多在写好此诗后，先是交给朋友传看，广泛征求反馈意见，集思广益，修改后才发表。

俄国作家果戈理有一个好习惯，每次完成一部作品后先念给别人听，请别人提反馈意见。有一次，果戈理写好一个剧本，请来一位著名诗人进行评价。听着听着，那位诗人竟打起瞌睡来了。果戈理说："我希望听到您的意见，而您的瞌睡就是最好的批评。"说完就把这个剧本扔进了壁炉。

由此可见，没有反馈的文章是不完整的作品，而一篇优秀的文章必然有沟通与反馈。作者通过仔细分析所收集到的反馈见解，给文章"照镜子"，可以激励作者不断调整自己定下的目标与价值，在写作之路上走得更稳、更快。

心理学家曾做过实验，发现自己的活动结果能否得到及时、正确的反馈，是参与者对该活动是否产生兴趣的重要原因之一。写作也是这样，多"照镜子"，会进一步提高写作者的积极性，也会提高其写作水平。

文章"照镜子"的几种方式

给文章"照镜子"，有许多不同的方式。

现在网上文章的主要反馈方式是跟帖，可以点赞，也可以吐槽；可以用一个表情包示意，也可以用一段文字表述。不论何种方式，都是在与作者交流，亮出了阅评者的观点。

另外一种反馈方式是阅评者写一篇文章来进行评价，或褒或贬，以文对文。这种读后感和文学评论式的反馈，综合论述，内容全面。

还有一种反馈方式是面对面交流。比如，新书发布会或作品研讨座谈会上的发言，就是发言者对作者当面提出的。还有，在一对一交谈时，也可就作者发表的文章交换意见。

这些反馈方式各有特点：跟帖反馈最迅速，有的跟帖一出，能瞬间让作者醒悟，对文章进行修改；面对面的交流最直接，可以互相对话讨论，话题比较深入；写评论文章式的反馈理论性强，研究问题较透彻。

在网络反馈中，先后会出现3个信号：文章的点击率是反馈的第一信号，说明文章标题与内容是否吸引人；网民的跟帖是反馈的第二信号，说明他们不仅阅读而且有感而发；跟帖的跟帖是反馈的第三信号，说明网民之间在为文章中的观点讨论。

"镜子"不能成为"哈哈镜"

给文章"照镜子"大有裨益，它会反作用于创作实践。笔者每写好一篇文章，总是希望有读者跟帖留言。"照镜子"就是通过对作品的分析和评论，既能深化作者对文章的认识，又能影响读者对文章的鉴赏，使之更好地发挥社会功能。有不少读者认为，看文章的跟帖也是一种有益的阅读，很有意思。

在对文章的反馈中，必须用"一分为二"的评价方式，好就是好，差就是差，在肯定中找出问题。过度吹捧和一味辱骂都不是正确的方法。如果只是肉麻地捧场或泼妇骂街式地谩骂，那样的反馈就成了一面扭曲的"哈哈镜"。只有在真诚、平等、和谐的氛围中讨论，才能达到反馈的良性循环，收到好的效果。

通过"照镜子"，一方面自我反省，另一方面重视别人的评价，认真总结自己文章的优缺点，从而明确努力方向，成不骄，败不馁，方可稳步前进。

第50问：为何说这是一本新闻实战的好书

这是一本人民日报原总编辑的新闻值班手记。

这是一本对报纸工作做深入点评的经典之作。

这是一本讲述新闻业务实际操作方法的好书。

——它就是人民日报原总编辑范敬宜写的《总编辑手记》。

什么是好书？好书是有思想性的书，是对人有启发的书，是可以经常阅读的书，是对工作与生活有帮助的书。《总编辑手记》就是这样一本书，它对于从事新闻这一行的人来说，确实有这样的功能。

本书有什么特点呢？

内容丰富 涉及面广

《总编辑手记》内容丰富，是一本新闻的"小百科全书"。

全书共有20个部分：一、提高把握大局能力 坚持正确舆论导向；二、树立精品意识；三、以思想深度取胜；四、以独特视角取胜；五、以快速反应取胜；六、以出奇制胜取胜；七、精心策划报道是部门领导最主要的业务；八、贴近群众 贴近实际 贴近生活；九、一分深入 一分收获；十、以飘逸潇洒之笔 论经文纬武之事；十一、编辑工作大有可为；十二、画龙点睛提高报纸的"精、气、神"；十三、把"题眼"拎出来；十四、版面编排要敢于创新；十五、图文并重 两翼齐飞；十六、增强国际意识；

十七、副刊应该成为团结作家的阵地;十八、十分珍惜群众来信来稿;十九、加强知识和语言文字修养;二十、其他。

从以上这些内容来看,本书涵盖了新闻策划、采访、写作、编辑、校对、排版、新闻摄影等诸多问题,内容丰富多彩,具有很强的指导性。

揭示规律 实用性强

《总编辑手记》揭示了新闻工作的共性和一般规律,实用性强。要做好新闻工作,必须掌握它的运行规律。本书正是遵循新闻规律的实战体会。

范敬宜于1993年9月调到人民日报社任总编辑,发现人民日报社有一个传统:每天值班的总编辑和总编室负责人对值班手记写得很认真,并以《每日快讯》的形式印发全社各部门参照,起到了上下级之间互相沟通了解的作用。

为此,他在1993年后四年多的时间里,坚持每天写值班手记,总共写了三四十万字,从中探索出许多新闻规律。

范敬宜在论述怎样发现新题目时说:"我一再强调,记者要提高把握全局的能力……这里讲的全局,是指中央政策在全国各地具体化的过程。如果我们能够随时掌握这个过程中出现的形势和问题,就对全局了然于胸,就能在采访中不断地发现新情况、新题目。"

在办报过程中,范敬宜要求各部门在研究问题上下功夫。他认为,只有能够经常提出政治、经济、文化教育、社会生活等方面的重大问题,并发表我们的见解,报纸才有可能真正高出一筹。

在研讨采访工作的规律时,范敬宜指出,要有"抢制高点"的观念,要提高应变能力,新闻工作要有抢和拼的意识,用谈心的方式宣传政策,找到最贴近群众的那个"点"……这些论述都是采编宝典,读后十分受益。

简洁明了 点到为止

《总编辑手记》论述简明扼要，点到为止，没有多余的话。

由于写的是值班手记，所以每篇都不长，少的一二百字，多的七八百字，要言不烦，简洁凝练。

如果把书中每一条题目展开，都可以写成一篇几千字的论文。然而，范敬宜继承了中国古代笔记文体和读书眉批的传统，有感而发，精心写作，短短的几句话，就说出了关键问题，真可谓独具慧眼。这是与他长期的学习与工作经验分不开的。

范敬宜从 1951 年起就从事新闻工作，先后在东北日报社、辽宁日报社、国家外文出版局、经济日报社工作过，后又调至人民日报社任总编辑。他的著作还有《马克思主义新闻观十五讲》《敬宜笔记》《范敬宜文集》等。

他的那篇轰动全国的《分清主流与支流 莫把"开头"当"过头"》的报道，脍炙人口，令人至今难忘。他的那句名言"离基层越近，也就离真理越近"，激励着广大新闻工作者在采访中求新求真。他说："如果有来生，还是当记者。"表达了对新闻工作的无比热爱。

《总编辑手记》一书，正是范敬宜对新闻工作规律的概括性总结。笔者读后对做好新闻工作有了底气、有了办法，并把此书放在案头，作为主要的参考书之一。在此，把此书推荐给大家。

这真是一本值得阅读并珍藏的好书！

第四章

人才篇

第51问：如今媒体需要怎样的人才

近来，多家媒体招聘新闻人才。这些报刊社、网站、公司对录用的人才有哪些要求呢？

除了政治思想素质好、热爱新闻事业、有良好的文字功底、有较强的沟通能力、吃苦耐劳、有良好的团队精神等条件外，以下这些条件是引进人才的重点。

要求对新媒体熟悉与了解

如今是融媒体时代，对新闻人才的要求离不开新媒体，离不开互联网。

某央媒单位招聘的人员包括新媒体监看及媒体融合报道分析员、媒介研究员、数据分析专员、媒资管理员、新媒体音视频制作人员。这些人员均与新媒体有关。要求到岗人员能完成网站日常信息的收集、选稿、编辑、更新、推介，相关频道的整体框架，以及栏目策划、内容定位和审编。

不少媒体招聘新媒体运营专员、微信编辑、区块链开发工程师、大数据开发工程师、高级指数分析师等职务，要求到岗人员能熟练掌握数据管理的新技术、新模式，对全媒体相关情报进行收集与分析。有的对具有两年以上拍摄、剪辑短视频经验者优先录取。要求新媒体编辑人员需要有较强的专业能力，包括良好的人文和科学知识，有思维能力，有一定的社会实践经验。

有的则要求工作人员能提升新媒体粉丝数量和关注度，保持适度增长，定期与粉丝互动，增加用户黏性。

有较强的策划与编辑能力

在招聘启事中，有的招聘记者、编辑、编导，有的招聘分析人员、研究人员、评论人员、策划人员。对这些人员，要求有较强的设计思考能力，以及与之相关的落实能力。从内容设计到沟通协调，从录像到制作，最好基本都能够把握。

新闻报道的策划与设计，要求先行一步、先想一招。精心策划不是主观臆断，而是在了解、掌握信息的基础上加以制定。一些媒体在聘用人才时，特意强调要求有新闻策划能力，善于追踪社会热点，强于挖掘选题，并有独立的观察和思考；能够负责新媒体热点事件及行业深度稿件的策划撰写；管理选题报题、确定报道重点；统筹重大项目、撰写方案总结；应对突发事件、召集业务会议；策划组织和执行线上、线下活动。

具有对舆情领域的分析水平

舆情分析是媒体工作的内容之一。在招聘中，有的媒体招聘新媒体监看及媒体融合报道分析员，其岗位职责是：①负责搜集各媒体热点选题，做选题推荐；②对比各媒体平台对同一事件或热点事件的报道方式、报道手段、报道时效、报道深度等方面；③跟踪和研究媒体行业动态，产出分析结果及业务优化方向等。

还有的媒体要求到岗人员抓热点、跟突发、有创意，对热点敏感，有较强的洞察力，善于挖掘选题，根据热点事件推出策划方案并进行互动，善于试用和测试各类传媒、传播类平台产品，善于总结平台优劣，有整合能力，了解社会时事、舆情领域内容并有基本的判断力，具备新闻敏感度和洞察力，对监测的信息进行分析与判定。有的媒体招聘媒资管理员，负责外媒通稿编目、重大项目媒资梳理、策划媒资方案等。

有的要求负责新媒体账号推广模式与渠道的探索，了解用户需求，收集用户反馈，分析用户行为及需求，并据此调整内容、总结经验，建立有效运营手段，提升用户数量。

能开展区域经济报道拓展市场

有一家周刊新媒体中心招聘区域报道部主笔，要求负责周刊区域报道部文章的策划和编辑，每周高质量完成小组成员稿件的编辑工作，并监督其按时发布。应聘者应具备社会、时政、经济等新闻报道经验，对区域报道有较深的认识和理解，并长期关注此领域的政策和信息。

有的媒体则要求应聘人员能关注国家政策、民生、财经等相关领域信息，对经贸热点、难点、重点话题能观察、能采写、能驾驭；善于主动了解各行业动态，并有较强整合能力，积极策划、创新产品模式，拓展市场运营渠道，积极开展公司产品营销工作，熟悉媒体运营工作，有良好的客户资源，能较快速打开行业市场，有媒体或相关行业营销工作经验者优先。

有的招聘文案策划人员，参与媒体重大经营活动及重大经营项目，负责相关活动及项目的策划、组织协调及执行工作。

视频编辑运营人员受欢迎

视频编辑是招聘的热门岗位之一，要求熟练使用多种时下常用剪辑软件。

许多媒体招聘的视频运营编辑、微博运营、视频运营编辑，要求能熟练应用办公软件，熟悉剪辑及图片制作软件，可使用剪辑软件制作短视频，完成视频策划、脚本撰写，能独立完成音视频的录制、拍摄、剪辑、制作。要求不断学习互联网关于数据管理的新技术、新模式，随时能够运用到新闻媒资管理中。

培养复合型知识结构人才

由以上的招聘信息可以看出，在如今的融媒体时代，需要的是具有复合型知识结构和跨媒体专业技能的人才。这些人才既具备独特的新闻传播眼光和分析能力，又具备多种传媒的专业素质，同时还具备新闻信息分析和整合能力。

纵观新闻媒体的历史发展过程，从报刊到广播、电视，从传统媒体到新媒体、融媒体，不同时期对新闻人才的需求是不一样的。随着新媒体的飞快发展，新技术、新成果层出不穷，如今的媒体人只有不断地学习、更新知识，才能跟上时代的步伐。

在办传统媒体时，要求新闻人能够熟练分辨信息，并且用于媒介。而在新媒体时代，除了对信息的整理、分析外，面对海量数据，要学会选择，删除那些无用信息，把握有价值的信息并加以解读。只有具有高度媒介素养和专业技术的人才能完成这一目标。

媒体之间的竞争，归根到底是人才的竞争，是创新的竞争。对具有创新能力的人才，需要大力培养。创新是引领媒体发展的第一动力，是行业进步的灵魂，而选拔优秀的新闻人才是关键。

第52问：优秀媒体人应具备哪些特质

笔者在几十年的新闻生涯中，一直在思考这样的问题：什么样的人适合从事新闻工作？什么样的人不适合？要成为一名优秀的媒体人需要具备哪些特质？

媒体的记者、编辑是一批有着特殊使命的人。他们的工作就是要及时、真实、有效、客观、公正地为大众传播消息。

现代新闻事业诞生以来，涌现了一大批著名的新闻工作者，他们的非凡经历、作品风格、采访理念和杰出贡献，描绘出一幅幅历史画卷，显示了不凡的特质，成为新闻工作者的榜样。

特质之一：坚定

曾任人民日报社社长的范长江在谈到"怎样学做新闻记者"时说："第一，要有坚定的政治态度，这对于记者很重要。"范长江认为，报纸的政治性和新闻性两者密不可分，前者尤为重要。新闻的政治性是一个基本的新闻学原理，任何一种报纸在实际上都不能脱离政治。范长江的作品大都是国内关心的大事、热点。1937年，范长江倡导成立的中国青年新闻记者协会为抗战做出了贡献。

刘少奇在谈到记者应具备的能力和素质时，把"要有正确的态度""要有马列主义理论修养""要熟悉党的路线和政策"作为重点。

由此可见，政治上的坚定，应是一名记者的首要特质。

特质之二：正义

媒体人在社会上处于一种比较特别的位置。他有时有一定的特别权力，如调查研究权、采访权，有着引导舆论的优势。

媒体人的目标就是用心中的爱、手中的笔写出稿件，弘扬正气，鞭挞腐朽，改造社会。为此，一名优秀的记者必然是充满正义感、敢于同邪恶势力做斗争的。

著名记者、新闻评论家徐铸成在谈到办报宗旨时说："报纸既是人民之喉舌、社会的公器，就不容许投机取巧，看风使舵……我们虽然是中国报业的后起，但绝不敢妄自菲薄，随波逐流，而愿始终守住新闻界应守的岗位，对真理无愧怍，对历史有交代，成败利钝，在所不计。"

《新民晚报》原总编辑赵超构认为，写文章要秉持公心，正视现实，对一切黑暗落后的东西要大张挞伐。当他看到社会上的"脓疮毒菌"时，就有一种"不能已于言"的激动，情不自禁地加以评述。他的那种悲天悯人、仗义执言的个性，显示了他以民为本、为民立言的新闻理念。

特质之三：真诚

要当好一个媒体人，必须坚持实事求是，真心诚意，不说假话。

"不说假话"有两层含义：一是主观上不说假话，不说违背事实的话；二是客观上不受假象蒙蔽，不跟风说瞎话。

著名报人林白水曾说："消息记者应当说人话，不说鬼话；应当说真话，不说假话。"他写的新闻与评论，关心大众，为民请命，勇揭贪腐，向往自由。他从 1901 年开始办报到 1926 年被军阀杀害，先后创办和担任过十多家报纸的主编工作，由于敢讲真话，报纸多次被封，他也三进牢狱，在揭露黑暗中以身殉报。

在社会大潮中，记者是一名冷静的观察者、思考者。记者应不盲从，不搞"一阵风"。为了给将来留下一份真实的记录，记者要敢于秉笔直书，又能从独立思考中吹沙见金，找到事物的规律，得出正确的结论。

特质之四：敏捷

媒体人要有鹰一样的眼睛、狗一样的鼻子、鹿一样的腿，应是十分敏捷而灵活的人。发现新闻、挖掘新闻、做调查研究，没有一套固定的程序，到一个新地方面对的是全新的情况。随机应变的能力，审时度势的能力，求新求活的能力，是考验记者是否称职的重要指标。

著名记者邵飘萍是一位"新闻全才"。他在采访中善于用侧面迂回的办法，从而采访到了许多常人不知的新闻。他采访段祺瑞就是通过传达长进去"通报一声"而实现的，获得了当时政府决定参加"一战"的新闻，写成稿件后火速发回上海《申报》，引起轰动。

曾任《大公报》和《人民日报》记者的彭子冈，是一位杰出的女新闻工作者。她观察敏锐，体验细致，写出了《毛泽东先生到重庆》《擦皮鞋童献金救国》《孙夫人印象记》等报道，给人留下深刻印象。

特质之五：博专

有人说，"新闻无学"，只要干上一两年自然就会了。这是一个模糊的认识。记者的广博知识与专业知识是必不可少的。因为记者每天都要面对新环境、新事物，既要有新闻学专业知识，又要有广博的社会科学和自然科学知识。知识就像一张网，张得大，才能捕到活鱼。

著名记者黄远生的知识面就非常广。他是清末进士，又留学日本学法律，不但时事通讯写得好，而且精通财政、金融话题，以其深邃厚重的思想、辛辣幽默的笔锋荡涤腐秽，廓清舆论，成为"报界奇才"。

著名记者邹韬奋大学学的是电机专业，又弃理从文，主修西方文学与教育。他当过英文教员与翻译，办刊中注重"搜集材料，贮蓄思想"，用人唯才，培养了一批优秀记者。

既博又专，是对记者知识面的一项基本要求。在当今互联网时代则分工更细，受众见多识广，记者要从全能型记者向专家型记者转变，这已成为一种趋势。尤其是写专业报道与深度报道时，追求热点、追求深刻、追求新颖，更显示掌握专业知识的重要性。

特质之六：笔力

记者发言靠的是手中一支笔。因此，一个优秀的记者必定有强劲的笔力。

著名记者邵飘萍写的许多报道题材重大、条理清楚、描写生动、议论辛辣。他的专著《实际应用新闻学》在新闻界影响深远。

著名记者邹韬奋具有独特办报思想，他写的文章用事实说话，写得鲜明、尖锐、真实、可信，注意用"平民式"语言，使普通的工人农民也能读懂。

著名记者范长江的《中国的西北角》，把人们带进历史的知识长廊，既有魏、蜀、吴三国的故事，又有汉唐名将和西域的历史，还有红军的事迹，行文之处洋溢着正直高尚的格调，令人难忘。

著名记者穆青的《县委书记的榜样——焦裕禄》，几乎家喻户晓，深入人心。他的文章语言质朴、刻画逼真、细节生动、感情炽热，在文字语言的运用上极具功力，许多文章成为名篇范文。

著名记者范敬宜强调记者要加强知识和语言文字修养。他说，语言要"活"不要"油"，主张用语要准确，消除语病，写作要防止常识性错误。

他们运用深厚的笔力，通过艰辛的写作，以智慧、心血和汗水写出了优秀的作品，是值得我们好好学习的。

第53问：记者的职业特点是什么

当记者是许多人的愿望。但是，有的人适合当，有的人不适合当。怎样的人才能当个好记者？笔者总结概括了6句话42个字，编成一首"打油诗"：

> 记者职业有特点，政治修养是关键。
>
> 一定不可说假话，正义同情意志坚。
>
> 求新求深思维正，成为杂家写美篇。

记者职业有特点

从记者的职业特点来分析，记者是时代的瞭望者，是信息的传播者，是舆论的引领者，是群众意见的反映者，是不良现象的批评者。

记者的工作特点是责任很大，位置特殊，自主工作，周游四方。

记者的优点是有一定的话语权，工作相对自由，容易出名，一般情况下能得到人们的尊重，有人还称记者为"无冕之王"。其缺点是作品易碎，采访大多为一面之交，任务飘忽，相当艰苦，难以成为某一方面的专家，有时会产生倦意。

因此，要想当一名好记者，就必须在思想上、行动上有所准备，吃得起苦，保持恒心，不间断地学习与写作，为新闻事业努力奋斗。

政治修养是关键

记者要有政治修养。因为记者是为客观公正报道各种信息而生的，社会的进步、人民的苦乐、政策的成败都是报道的内容。记者以自己的观察、分析和手中的笔，写出的是改造社会、推动时代进步的文章。这一篇篇文章，不仅是记者文笔的体现，更是其政治素养和思想境界的体现。

记者报道新闻，如果仅仅停留在对表面现象的报道上，读者是不会满足的。只有从表面现象谈到事物的本质，才是达到了目的。为此，记者必须学习辩证唯物论，加强思想修养，努力做好工作。

为此，要求记者有政治修养，加强"德"方面的要求，不忘初心，严于律己，是一项必然的要求。

一定不可说假话

记者一定不可说假话。新闻的生命在于它的真实性，因此，在报道中"不说假话"应当是记者的一条铁律。这件事初看起来似乎要求并不高。但实际上，有的记者还是说了假话。究其原因，有的是被采访对象蒙骗了，有的是事实未核对清楚，有的是好大喜功造成的，极少数是在私利诱惑下的造假。

媒体有一句业内名言：可以有不说的真话，但绝不说假话。说假话不但欺骗了读者，还误导了舆论，是新闻工作之大忌。

正义同情意志坚

记者要有正义感和同情心。记者的正义感和同情心来源于其责任心，以及健全的人格。记者是对读者负责的，也是对社会负责的。为了国家和人民的利益，在关键时刻能挺身而出，讲真话、说实情，揭露那些社会的蛀虫和丑恶现象，而置自己生命于不顾。为了维护社会的公平正义，在新闻战线这个没有硝烟的战场上，记者是无畏的勇士。自从近代新闻学发端以来，就涌现了一大批这样的记者，世上传颂着他们的故事。

记者是富有同情心的人。对弱势群体，对社会不公，对群众的无辜遭遇，记者总是有恻隐之心，愤愤不平，尽力相助。通过报道在媒体上发声，以期革故鼎新，惩治腐败，改善民生，改造社会。

有了正义感和同情心，记者就能在工作中克服误解、嘲讽、刁难、危险等各种因素，永葆坚定的意志，在新闻采访中勇往直前，坚持战斗，笔耕不辍。

求新求深思维正

从记者的思维角度来看，既有抽象思维，又有形象思想；既要站得高、看得远，又要接地气、举实例。如果缺乏抽象思维，只是就事论事写报道，就写不出高人一筹的稿件；如果缺乏形象思维，写出来的文章会缺少血肉、缺少材料，而只是一些套话的堆砌，读者怎么会喜欢呢？

高明的记者是在采访与写作中把抽象思维与形象思维相结合，既有"理"的思想性，又有"事"的可读性，追求的是又新又深的境界。

永不间断地求新求深，是采访与写作的制胜法宝。墨守成规和浅尝辄止是新闻工作不能进步的重要原因，要防止这一点，加强学习是必由之路。

成为杂家写美篇

记者虽有不能成为某一个方面专家的遗憾，但是，追求成为一专多能的"杂家"应该是其方向。

对于这个问题，我们来看一下曾任人民日报社社长的两位优秀的新闻界前辈是怎么说的。

邓拓写过一篇短文《欢迎"杂家"》，他在文章中分析了有人把知识"广博"当成"杂乱"的现象后说："殊不知，真正具有广博知识的'杂家'却是难能可贵的。如果这就叫作'杂家'，那末，我们倒应该对这样的'杂家'表示热烈的欢迎。"做新闻工作，具有广博的知识是必不可少的，新闻界欢迎"杂家"。

范长江认为，记者要广泛储备知识。他说："新闻记者之所以可贵，除了有正确政治认识与坚贞的人格而外，就是要有丰富的知识，这个知识，既要博，又要精。"范长江主张记者要学好技术，除谈话、速记、打字、摄影外，还要学习外语、骑马、游泳、开车、驾船等。

记者成了"杂家"，成了多面手，就能胜任繁重而变化的工作，就能思路开阔，笔力强劲，美篇连连。

在如今的融媒体时代，对"杂家"记者的要求更严、更高了，你准备好了吗？

附：学习笔记——蹭热点与抓热点

在如今的网络时代，信息爆炸，各种媒体每天都会发出海量信息，其中有一些是非常热门的信息，即热点问题，比如突发事件、重要案件、娱乐八卦、体坛爆料等，都能迅速引起广大读者的关注。

蹭热点的表现：一些网络写手和短视频制作者看中了其中的机会，用蹭热点的方法快速响应，发文或发视频，有的一知半解解读热点，有的盲目跟风发表观点，他们追求的是快速反应和增加点击率，至于讲得是否准确与对社会是否有积极意义，则很少顾及。

有的写手在总结蹭热点的"经验"时说，追热点要赶早，拼的就是时间。当你找到了很适合切入的观点，就不要反复打磨和修改了，一气呵成把内容发布出去，否则等你打磨完了，热点的势能已经过去了，而且重复的内容多了，大家也都看腻了，就不会再看你的了。

在这种心态的驱使下发出去的文章和视频，有的失实，深度欠缺，常常带着"可能""也许""估计""大约"等不确定词句，有时还会因为违规和不合时宜被封禁。

蹭热点的本质与缺陷：蹭热点的本质是借势营销，让自身的网站、公众号、品牌及产品借热点的能量迅速传播。蹭热点的人多了，同质化的内容就会泛滥，一个热点的后面会跟上几十篇内容几乎相同的文章，读者不厌其烦。

蹭热点属于赶时髦，一哄而上，又迅速消退。商家和"网红"用这个办法可取得一时之效。而作为媒体人，笔者认为，媒体可以紧跟时事写评论，但是，评论应该选别人没有发现的角度，选平中见奇的角度，力求写出新意，写出自己的独到见解，纠正错误认识，提倡社会正义。

跟风容易变成人云亦云，既无新意，又无深意。盲目地跟风蹭热点是得不到好效果的。媒体人只有深入下去抓热点，在调查研究的基础上找亮点，才能写出有质量、有深度的热点问题报道。

当前的社会热点话题有哪些呢？人民网在 2022 年 1 月 30 日至 2 月 25 日开展调查，有超过 562 万人次参与。根据网友投票结果，2022 年的两会十大社会热点话题是：依法治国、从严治党、社会保障、社会治理、国家安全、科技创新、教育改革、乡村振兴、健康中国、全过程人民民主。

在这十大热点中，媒体人可根据自身媒体的定位与特点去深挖。有的可以在依法治国、从严治党方面多写文章，有的可以在科技创新、教育改革方面发表观点，有的可以在农村方面着力研究。在进行宏观分析的同时，更重要的是要解剖麻雀，抓住典型，到基层去，结合热点"抓活鱼"。

实践证明，带着问题下去，就会使热点问题具体化，使报道有含金量，而不是空对空发议论。

有一家教育方面的报社在调研了6000多人的基础上，写出了《为家长减负解作业焦虑》的报道，受到广泛关注。而这个问题，正是社会热点之一。

有一家地方报社的记者下基层很用心，写出了《贷款困难成农民工创业"绊脚石"》等报道，获得好评。这样的报道，是记者在基层的新闻土壤中发现的，如果只坐在办公室里，那么无论如何冥思苦想都是写不出来的。

媒体要戒跟风、戒炒作：人民日报社的记者、编辑在总结采编工作的经验教训时，总结出两条戒律——戒跟风、戒炒作。他们说，媒体的生命力源于公信力，当好社会的瞭望者，是媒体人应担的责任和应有的情怀。当下观点多元化、诉求多样化的背后，往往是利益多元化。保持一双"慧眼"，避免坠入利益陷阱而导致被"绑架"、被"收购"，应是主流媒体的基本立场。

戒跟风，需要勇于担当的责任意识，更需要踏实严谨的调查取证。不当墙头小草，随风倾倒；要做中流砥柱，立场坚定。

炒作是营销，不是新闻报道。以"炒"求热，短时间看似聚集起极高的人气，可终究免不了"狼来了"的骗局被戳穿后的下场。

蹭热点和抓热点，虽然都是在关注热点，但是目的、意义、效果并不相同。作为记者，应当在抓热点上下功夫。只有经常性地关注政治、经济、文化、教育、社会生活各方面的热点问题，在研究问题上下功夫，在调查研究上下功夫，发表自己的观点，才能写出有新意的报道。这样做，与蹭热点的人相比，进步会快得多，收获也会大得多。

第54问：范长江对记者工作有哪些要求

在如今的融媒体时代，新闻的载体、内容、读者、传播方式等都出现了许多新的变化，呈现了新的状态。然而，有一些基本的东西是不会变的，也是不能变的。最近，重读范长江的《记者工作随想》一文，对此深有感触。

范长江的《记者工作随想》写于1961年，但一直未公开发表，可能当时只是作为一份工作笔记吧。直到范长江逝世9年后，此文才在《新闻战线》杂志1979年第1期上发表。那时，我国已进入改革开放时期。

这篇文章约5000字，分为3个部分："在新问题面前""基础在群众 前途在群众""抱负·学习及其他"，是范长江新闻思想的一次集中表达。

坚持与时俱进的新闻观

范长江是从旧社会过来的新闻工作者。他从1933年起从事新闻工作，曾任《大公报》特约通讯员，写出了《中国的西北角》《塞上行》等著作，组建了中国青年新闻记者协会。新中国成立后，曾任人民日报社社长。

到了1961年，他思考着这样一些问题：新中国成立前后的新闻工作面临着怎样不同的任务？在新的问题前面，新闻工作者应当怎么办？为此，他提出，记者"必须认清面临的问题，认真地总结过去的经验，从中找出一条路子来，改进我们的工作"。他很早就认为，新闻事业是不可能"超社会阶层"而存在，报纸要服从国家利益与民族利益。

他的这些见解，对当前的新闻工作仍有着重要的指导意义。面对新媒体的迅猛发展，报刊论文化、新闻公文化、网络娱乐化的现象有所发生与蔓延。一些媒体人在新媒体面前手足无措或随波逐流，都是不可取的。

要想在新媒体生态环境中生存发展，必须客观看待形势，顺应媒体融合新趋势，更新观念，调整工作节奏，打破故步自封，才能把握住新媒体时代的机遇。只有与时俱进，不断改进并加强新闻工作，才能在从传统媒体向媒体融合的转化过程中讲好中国故事，传播好中国声音。

以群众为中心的新闻观

在强调新闻政治性的同时，范长江还特别重视新闻的人民性。他认为，报纸要面向群众，记者要依靠群众。记者应当在群众中生根，学习和研究群众中提出来的各种重要问题。

他在《记者工作随想》中提出了一条著名的新闻定义："我觉得，新闻，就是广大群众欲知、应知而未知的重要的事实。"这是在诸多的新闻定义中，唯一一条从群众的角度来谈这个问题的，是一种独特的、新颖的见解。

他主张办报纸要"大家办报"，不可闭门造车。他认为，"一个记者的最基本的锻炼就是群众观点的锻炼。一个记者好坏不是编辑部批准了就算数的，首先要由群众批准"。

范长江以其新闻实践与作品诠释了他的"民本位"的新闻宣传思想。1935年他的西北之行，历时10个月，行程6000余里，采访了从普通民众到官商要员各种人物，客观分析了人民群众所关心的问题。

1939年，他加入中国共产党后，"以民为本"的新闻思想趋于成熟，形成有特色的、贴近生活的、创造性的"人民群众"路线，并以此来指导采访、选稿、培养记者。

20世纪60年代，他又一次提出"我们的报纸首先应该面对群众"的观点，要求报纸面向群众、扎根群众、依靠群众。

今天，范长江的这一新闻思想仍具有现实意义。我们要坚持贴近群众、依靠群众的办媒体思想，通过媒体把人民群众对幸福生活的向往、对公平公正的期盼、对共同富裕的追求如实地加以报道，真心实意听取民声，努力为社会大众服务。

记者高品格的新闻观

范长江对记者的高品格要求是多方面的：正确坚定的政治认识，献身于新闻事业的态度，能刻苦耐劳的体格，相当的知识修养和写作能力……

他在《记者工作随想》中指出，一个记者应当要有抱负，有理想，有健全高尚的人格。他认为，一定要建立新闻记者的正气，要使社会人士提起新闻记者，就觉得真诚可敬，万分景仰。

范长江号召记者要"不间断地多方面地刻苦学习"，认为记者的知识一定要"博"。

他在文章的结尾说："广博的知识，丰富的思想，广阔的活动天地，这对于一个记者是非常非常重要的。一个记者如果到最后变得知识很干瘪，思想很闭塞，活动领域很狭窄，我想，这个记者也就不大好当了。"

范长江号召记者要修养人格，"责己要格外严，律己要格外密"，要有全能的素质，才能胜任记录时代的重任。

在新媒体时代，对记者的要求更高了。面对互联网传播，记者更应恪守新闻真实性的底线，铭记社会责任与担当，娴熟地掌握新媒体传播方法，了解新媒体运行规律，宣传好党和政府的方针政策，把人民群众的意愿传达给党和政府。

在新闻的路上，有满天朝阳，也有雨雪阴霾，记者具备了高尚的品格，就能有一颗赤子之心，有一副铁脚板，有一身硬本领，不忘初心，敢于创新，当好时代风云的记录者，不断推进社会的进步。

第 55 问：走基层后有哪些感悟

在走基层、写新闻的过程中，许多记者和通讯员深入一线，带着时代的紧迫感，自觉地走到群众中去，写出了许多赢得读者赞许的佳作，同时在精神上得到了升华。

许多走基层的感悟之语，是他们思想上迸发出的火花，以及采访写作的心声。现选取部分佳句并予以评析。

（1）源头有活鱼，基层天地阔。

评析：写新闻要"抓活鱼"，抓那些新鲜的、活蹦乱跳的鱼，不要抓死鱼，也不能抓到活鱼闷死了才下锅——这就是新闻的时效性。在广阔的基层天地，水中有许多活鱼可抓，关键是得走下去。

（2）脚下沾有多少泥土，心中就沉淀多少真情。

评析：新闻作品要写出真情，才能感动人、鼓舞人、教育人。新闻不是死板地说教与灌输，而是要通过事实与故事让别人欣然接受。记者脚上沾满了泥土，说明他去乡间田头了，去工矿现场了，去抗灾一线了，就能看到、听到感人的故事，就能写出真情流露的作品。

（3）用脚步丈量深度，用作品显示温度。

评析：记者的脚力很重要，走千步走万步，走到离新闻发生最近的地方去，才能挖到宝藏，写出有深度、有温度的报道。这样的报道，带着露珠，冒着热气，与坐在办公室里写出来的花拳绣腿的报道完全不是一个档次。这才是记者应当追求的。

（4）做报道要善于"挖深井"，而不是面面俱到、四处凿眼。

评析：这是一个采访方法论。说的是写深度报道要看准确、挖得深，用心去获取最丰富的素材，了解事情的来龙去脉，领会并认识事件的实质，用"伤其十指不如断其一指"的办法，打好攻坚战。不能用撒胡椒面、蜻蜓点水式的方法去采访写作。

（5）不但要用腿，还要用脑，必须带着理性思维、辩证眼光走基层。

评析：走基层不仅是用脚走，"身入"之后更要"心入"。要走一路、思考一路，多想几个"是什么""为什么""怎么办"。有了理性思维，写出来的作品才有思想性。

（6）写平凡人，说不凡事。把新闻写在大地上，把新闻写到群众心坎里。

评析：下基层后，可以遇见的平凡人、平凡事很多。写新闻从何入手？就要努力去发现不平凡的事，就可以作为选题。这个"不平凡的事"应当是新鲜的、突出的、有趣味的、有借鉴意义的、感人的、别人没有报道过的。这样的新闻才能受到读者欢迎。

（7）深入实际、深入生活、深入群众，才能感受实践的脉动，吮吸生活的醇香，倾听群众的心声。

评析：好！这是用诗一般的语言道出了走基层的特点与优势。感受着大地母亲的温暖，接受着生活营养的滋润，耳边是时代浪潮的呼唤，写吧，唱吧！用你手中的笔，去描绘真实的生活，去谱写新时代最美的乐章。

（8）不断地追问，才能离事实更近，离客观更近，才能赢得新闻价值最大化。

评析：采访中的提问是决定采访成败的关键所在，需要有高超的技巧。好的提问，有时如宝剑般直接剖向事实的真相，有时如清泉般温暖滋养采访对象的心扉。采访要有针对性、目的性。追问，是提问中的一个重要环节。新闻中的某个细节、某个亮点，常常因为追问而呈现出来。

（9）如果心中没有思考，胸中没有全局，走基层就难踩到"实处"。

评析：走基层的报道不可就事论事，而要写出高度、写出深度。只有提高把握全局的能力，加上深思熟虑，才能不断地发现新情况、新问题、新经验，才能写出好文章。全局了然于胸，笔下就有题目。

（10）作为一名新闻工作者，疫情来了，困难来了，就是我们冲锋陷阵的时候！不忘使命，我们一直在路上。

评析：记者和通讯员是时代的见证者和书写者，需要付出巨大的体力、脑力，要有不畏艰难险阻的精神。记者工作是一份荣光，也是一份坚守。只要不忘初心，牢记使命，就能把一切劳累、疲惫、痛苦、委屈抛开，永远走在新闻的路上，永不放弃！

第56问：江郎才尽是何因

"江郎才尽"这个成语是人们所熟知的，说的是南朝有一位文学家江淹，人称"江郎"，年轻时他很有才气，诗歌和散文都写得很好，是一位鼎鼎有名的文学家。他的《恨赋》《别赋》更是出色，人们争相阅读，获得极高的评价。可是，当他到了晚年，却很少写诗文了。偶尔写出一篇，也是内容空洞、语言枯燥，比以前写得退步不少。人们都说，"江郎才尽"了。

江郎为什么会才尽？

传说有一个晚上，江淹到一座凉亭过夜，梦见晋朝一位叫郭璞的白发老人，向他要回借他多年的一支五彩笔。于是，江淹便把那支五彩笔还给了郭璞。没有了五彩笔，梦醒后，江淹就再也写不出精彩的文章了。

这个传说的寓意是什么呢？以笔者所见，这五彩笔代表了写作的5个要素：动力、土壤、兴趣、勤奋、交流。没有了这5个要素，必然写不出好文章。

失去的第一"彩"：缺乏写作动力 必然失去方向

写作是作者运用书面语言表达自己对于客观事物的认识和感受的一种心智活动的过程，具有厚重的人文内涵和文化意蕴。

人们为什么要写作？一是写作有传播功能，二是写作有实用功能，三是写作有审美功能。写作的动力来自作者的内心。有的作者是为了沟通思想、交流情感；有的是为了讴歌真善美、鞭挞假恶丑；有的是为了完成领导交办的任务，或者是应对考试。不管怎样，没有写作的动力与目的，就不会努力去写。

江淹年轻时家境贫困，为了改变命运，为了表达志向，为了应试，他写作动力很足。后来，他做官了，享福了，飘飘然起来，写作就缺少激情和方向感，也就写不出好作品了。

失去的第二"彩"：离开生活土壤 文思逐渐枯竭

写作的土壤是现实生活。没有生活，写作就成了无源之水、无本之木，就写不出感受至深的作品。在感受生活的过程中，不但要"身入"，而且要"心入"。只有用心去感受，才能获得有价值的信息。

写作是信息的传递、意愿的表达、情感的宣泄，应当用心去写、用真情去写，必须抱着认真、诚恳、思考的态度。南北朝时期的骈文，因缺少生活气息，一味讲究对仗工整和声律铿锵，内容华而不实，最终被人们抛弃。应考的"八股文"也因为言之无物，而受到批评。

江淹年轻时生活在社会底层，对社会有深刻了解。后来，他官至金紫光禄大夫，地位显赫，每天过着应酬吃喝的生活，脱离了社会生活和人民，失去了写作的土壤，就一步一步地失去了灵感与才气。没有生活中的真情实感，写作的源泉自然就会枯竭，"才尽"那就是必然的了。

失去的第三"彩"：失去写作兴趣 只能被动应付

有了写作的兴趣，写作就成为作者的自觉行动，不用人催，不用人逼，原来的"要我写"变成了"我要写"。当写作成为习惯、成为乐事之后，智慧的闸门就打开了，辛勤的笔耕就不再畏难，作品就会像雨后蓬勃出土的春笋，像孵化日期到了争相破壳而出的鸡雏一般。

写作兴趣可以培养，也会失去。江淹年轻时对写作有浓厚兴趣，年老时在官场应酬多了，兴趣变了，对写作疏远了，即使写点东西也是应景之作，毫无思想性可言。这种在写作中被动应付的局面，使他的作品越来越差。

失去的第四"彩"：未能持久勤奋 造成半途而废

江淹年轻时勤奋好学，获得成功。然而，"行百里者半九十"。他到老年后变得不勤奋好学，贪图享受了，写作就半途而废了。可见，写作的才华虽重要，但意志与毅力更重要。只有把才华与毅力结合起来，才能坚持写作，写出好文章。

屈原的一生怀着救国救民的思想，勤奋不已，越到晚年，作品越闪耀出夺目的光辉。李时珍经过27年的努力，在61岁时才完成《本草纲目》初稿，又经过10年努力，3次修改才定稿。这种持久的、勤奋的毅力值得人们敬佩。

写作与爬山一样，一山更比一山高，必须有毅力、有韧性，不可半途而废。

失去的第五"彩"：少了相互交流 思路越来越窄

作者与读者的交流是促使写作进步的一环。作者总是希望写出来的文字能够准确地表达自己的所思所想，能够引起共鸣，给别人带来帮助，希望有更多的人愿意看他的文章并发表意见。甚至有的作家说："作家们最害怕的莫过于被别人忽视。与忽视相比，非难、仇恨和反对都成了幸福的代名词。"由此可见，通过作品与人交流、告知事由和表达感情是作者的内心需求。

江淹到了晚年，在官场上应酬多，与朋友交流写作心得少，也听不到什么信息反馈，思路狭窄，这是他文思渐退的原因之一。

江淹失去了五彩笔后就才尽了。这个故事提醒我们，要想写作获得成功，这五彩笔必须牢牢地握在手中：保持写作动力，融入生活土壤，提高写作兴趣，坚持勤奋学习，增进相互交流。只有这样，才能保持写作的生命力，取得较快的进步。

第57问：写作"多面手"是怎样炼成的

作为一名企事业单位的宣传干部，不但要能驾驭消息、通讯等新闻报道的写作，而且应当熟练掌握应用文的写法，成为写作的"多面手"。人各有能，因艺授任。成为"多面手"，便能胜任更多的工作。

什么是应用文？应用文是指人们在日常工作、学习和生活中，为办理事务而使用的、具有一定惯用体式的文体，比如公告、通告、通知、请示、纪要、启事、简报、开幕词等。

笔者在单位办公室任职时，就写过不少应用文。以下几种应用文是在办公室工作中经常遇到的，学会它们的写法，会给工作带来许多方便。当需要写这些文书的时候，心中有底，就能应付裕如。

请示的写法

请示是一种下级机关向上级机关请求指示或批准的公文。请示的特点是具有请求性和期盼性，其目的是让上级单位做出明确的批复。故行文具有超前性，必须在办事前请示，而且是一文一事。

请示可以分为请求指示和请求批准两种类型。比如，下级对一些新情况、新问题拿不定主题，掌握不好分寸时，可以写请求指示型指示，请上级指明方向。又如，遇到资金短缺，或人力、物力不足，或赴外地参观学习等情况，需要上级帮助解决，可写请求批准型请示。

请示的写法：

第一，标题由发文机关、事由、文种组成。如《××大学关于建设新校区立项的请示》，"××大学"是发文机关，"关于建设新校区立项"是事由，"请示"是文种。

第二，正文要写清楚请示缘由、事项和要求。请示中要重点陈述发文背景，写清楚原因、条件，把理由讲充分，态度鲜明，请求事项明确，用语要准确且得体。

第三，结语可写"以上请示，请批复""以上意见妥否，请指示""以上意见如可行，请转有关单位执行"等字样。

第四，最后，署上发文单位名称、日期。

第五，请示的收文单位应该是直接的上级主管部门，不可越级请示。

纪要的写法

纪要是一种记载、传达会议情况和议定事项的公文。它既可以上呈，也可以下达。它的特点是纪实性强，要求忠实反映会议情况，传达会议的决议，具有资料价值。

在纪要的写作中要对会议内容加以综合、概括、选择、强调，使之对工作有指导意义。纪要的特点是要点化，即以要点的形式列出会议的精神与议定事项，写作者需要有综合概括与分析水平，不可直接把会议记录往上抄。

写作者必须掌握会议的所有资料，包括会议报告、简报及讨论情况。写作时要突出重点，文字简洁，段落分明，条理清楚，以第三人称的口吻写，不以第一人称的口吻写。

纪要的标题由会议名称加文种构成。如《江苏省高校技术创新大会会议纪要》。

正文部分由导言、主体和结尾这三部分组成。导言部分要写出会议的基本情况，如会议名称，开会的目的、内容、时间、地点、规模、议题，会议成效等，让人对此次会议有一个总体上的、清晰的了解。

主体部分必须根据会议的中心议题展开，既写会议召开的情况，又写会议取得的成效，突出对讨论主题的评价以及对面临问题的分析。对会议的决定事项要加以明确，对会议提出的希望与要求要进行阐述。

在纪要中，可以把发言人的主要观点列出，把重要的放在前面，详写；次要的放在后面，略写。

纪要的结尾可以发出号召，提出希望。最后，可标明出席人、列席人名单及成文日期。

报告的写法

报告是用于向上级机关汇报工作和反映情况的公文。有时，为了答复上级机关的询问，也需要写报告。

报告有工作报告、情况报告、答复报告、调查报告等。报告由标题、正文、落款这三部分组成。

报告标题要写明事由，即为什么事情而报告。如《武汉市夏季防汛工作总结报告》，其中，"武汉市夏季防汛工作"是事由。

报告的正文要用事实说话，把发生的情况及前因后果写清楚，所列举的材料要典型，重点突出。报告中不要夹带请示的内容。因为请示必须在事先行文，而报告有的可以在事先行文（如实施方案报告），但更多的是在事后行文。

报告可先介绍基本情况，然后总结主要经验，找到存在问题，列出今后措施，提出合理建议。

报告的结尾常用"特此报告""专此报告"等惯用语。在报告中如有建议事项，则结尾可用"以上报告如有不当，请指示"等用语。

上级收到报告后，一般情况下可以不答复，而收到请示则必须做出明确答复。报告的最后要写上发文单位名称与日期。

通知的写法

通知是发布、传达要求下级机关执行和有关单位周知的事项的公文。

通知包括指示性通知、批转性通知、事项性通知、会议通知、任免通知等。

通知的特点是指导作用明显，有较强的时效性，明确指出在规定的时间内要做什么事。

通知由标题、正文、结尾这三部分组成。

通知标题由发文机关加事由、文种构成。如《北京大学中文系2021年硕士研究生复试通知》，在这个标题中，"北京大学中文系"是发文机关，"2021年硕士研究生复试"是事由，"通知"是文种。有些通知很紧要，可以在标题中写上"重要通知""紧急通知"。

正文部分要写出事情缘由、事项。比如写指示性通知时，要从实际出发，摆情况、谈问题，提出具体要求。写会议通知时，应写明召开会议的原因和目的、会议名称、主要议题、到会人员、报到时间及地点等，要求内容周密、表述准确。

结尾部分可以自然结尾，也可以用"特此通知"收尾。最后写上发文单位、日期。

简报的写法

简报是单位交流情况和传递信息的一种公文，一般在单位内部使用。如果把它变成新闻稿，则成了消息。

简报中用得最多的是工作简报、会议简报、学习简报等。有的定期出，如《每月学习简报》《每周科技简报》等。有的不定期出，如《工作简报》《销售情况简报》等。

有的简报可以作为工作汇报，有的则是反映动态，还有的是介绍经验。

简报的特点一是要"简"，二是要"快"，要让阅读者尽快了解情况。写作中要简短明快，抓住重点，反映新情况、新经验、新动向、新趋势。运用的材料要具体而典型，说明情况与分析问题要观点明确。

有的简报上有保密的内容，则要标明秘密等级和保密期限。

简报一般是连续出的，故要加上期号，如第几期（总第几期），并标明编发单位与印发日期。在简报下方，写上发送范围及印刷份数。

启事不能写成"启示"

启事是一种说明事项的应用文书。机关、企事业单位、部门、个人都可以发布启事。

启事就是公开陈述事情。寻人启事、招聘启事、开业启事、征文启事等，都具有公开性、广泛性、知照性的特点，其目的是让更多的人知道，想让他们参与或协助。

启事应当写得简明扼要、一目了然，让阅读者一看就知道应当怎么做。不要写得太琐碎、冗长，让人摸不着头脑。

有的启事是张贴在公共场所的，有的是刊登在媒体上的。除主体内容清晰明了外，有的启事还要加上联系单位名称、地址、联系人、电话号码、邮箱等，以便阅读者及时联系。

在写启事时，不要将启事写成"启示"。因为"启示"是启发提示、开导思考，使有所领悟的意思。在"启示"的用词上，常用"深刻的启示""重要的启示""难忘的启示"等，与启事不是一回事。

倡议书要写得有说服力

倡议书是一种公开提出建议的文书，也可以说是一封号召行动的公开信。它是为了提出一些建议、希望社会公众能够响应并积极参与。如《开展读书活动的倡议》《在食堂开展光盘行动的倡议》等。

倡议书有特定的倡议对象。有的是写给学生的，有的是写给居民的，要在开头称呼时写清楚。如在食堂开展光盘行动的倡议，开头可写"在食堂用餐的各位朋友"；如对青少年活动的倡议，开头可写"广大的青少年朋友们"。

倡议书的正文要清楚地写明为什么要提出这份倡议，有什么意义，要达到什么目的。要想把自己的倡议变成公众的行动，让公众都能积极响应，就要把事情的原因讲清楚，让人觉得有说服力，按倡议者的办法去做很有道理。同时，要写明倡议的具体内容和要求，怎样去做，注意事项等。要做到中心明确、简明扼要、条理清楚。

在倡议书的结尾，可以表示一下倡议者的决心和希望。

由于倡议书只是"倡议"而不是"决议"，故在用词的语气上要谦虚，把握好分寸，不能以命令式的语气，否则会适得其反。

落款要写上倡议者的单位名称或个人姓名，署上日期。

邀请函应庄重而有礼仪

邀请函是单位或者个人向有关单位或人士发出邀请来参加活动的一种文书。这种以文书形式送达的函，比一般的电话或口头通知更显得庄重而有礼仪，因而经常会用到它。

写邀请函要写好标题。标题上注明活动名称，如《×××座谈会邀请函》《×××竣工仪式邀请函》《×××、×××婚礼邀请函》等。

邀请函发给谁，要用敬语加上称谓，如"尊敬的×××女士/先生""尊敬的×××总经理"等。

在邀请函的正文部分要写清楚活动的内容，写明日期安排及时间、地点。

在邀请函的结尾处，要用"敬请光临""欢迎光临"等习惯用语。

最后是邀请函的落款，要写上礼仪活动的主办单位或邀请人，再写上成文日期。

邀请函中不要写"特此函达""如蒙同意"等词语，这些不是邀请函的惯用语。

写出热情洋溢的开幕词

开幕词是一次会议或活动的主题讲话，用于一些比较重要的会议和活动。这些会议和活动会期较长、影响较大，在议程安排中有开幕式、闭幕式的环节。

开幕词一般由单位主要负责人来讲。

怎样写好开幕词呢？首先要对整个会议或活动有一个了解，用概括性的语言，简洁明了地说出举办这次会议或活动的意义。在用语上要用通俗易懂的、易听的、生动活泼的语言，切忌用绕口的、晦涩的、难懂的语言。

由于开幕词的听众人数众多，开幕词要写得热情洋溢、有号召力，以促进现场形成庄重而热烈的气氛。

开幕词的开头称谓应根据会议或活动的性质来确定。一般泛称有"同志们""各位代表""各位来宾""女士们先生们"等。对一些有特殊身份的贵宾，则可使用专称，如"尊敬的×××先生""尊敬的×××董事长"等。

开幕词的第一段，一般是先对来参加会议或活动的人士表示欢迎和感谢，对会议或活动的举办表示祝贺。

接下来一段，可以简要介绍一下会议或活动的概况，说明在当前形势下举办这次会议或活动的重要性、必要性。还可以提及会议或活动的主要议程。

结尾部分可以写几句对举办方的希望，对与会者的要求等。

最后，宣布会议或活动开幕。也可以用"预祝大会取得圆满成功！谢谢大家"作为结尾。

贺信要写出真挚情感

贺信是一种礼仪文书，是向取得优异成果的单位和个人发出的祝贺函，也可以是向举办婚礼、庆祝生日等活动表示庆贺的函。

贺信的称谓要顶格写明被祝贺的单位或个人的名称或姓名。

在贺信的正文部分，要写清楚祝贺这一件事的原因，概括地写出被祝贺方所取得的优异成绩，点明取得这些成绩的因素。

对个人的贺信，要简明地写出此人的优秀品德和模范行为。在热烈祝贺之时，表达自己喜悦的心情。也可以写一些鼓励的话语，以希望对方今后取得更大的进步。

落款时要写上发文单位或个人的名称或姓名，并写上日期。这样，一封结构清晰、用语庄重、情感真挚的贺信就写成了。

第58问：名人身上有哪些闪光点

近日，笔者读名人故事，颇有感触。了解他们的事迹，领悟他们的精神，对如何做好新闻工作有所启发。

在阅读中可以发现，名人身上都有一些显著的闪光点，是值得我们学习的。

吃苦耐劳

名人绝大多数是吃过苦的，而且特别能吃苦。正所谓"天将降大任于斯人也，必先苦其心志，劳其筋骨，饿其体肤，空乏其身，行拂乱其所为"。

孔子是一位世界名人，当年也吃尽了苦。他周游列国14年，东奔西跑，忍饥挨饿，自嘲如"丧家之犬"。然而，他的成就是十分突出的，创立儒家学派，编纂《春秋》，修订《六经》，开创私人讲学，其弟子将孔子的言行整理成《论语》。

马克思一生漂泊流离。他在大英图书馆内，在自己那小小的书房内刻苦钻研写作，历时40年，才完成了《资本论》。

范仲淹是一位名人，他的名篇《岳阳楼记》为人们所熟读。范仲淹小时候是很苦的，2岁时父亲就去世了。他母亲带着他改嫁到山东一个姓朱的人家。小时候，范仲淹借住在山上的一座寺庙里读书，生活十分贫困。

吃不上饭，他就每天烧一锅粥，冷凝后用刀划为4块，早晚各取两块，就着咸菜下咽。就这样，他苦读3年，读了不少书。年幼时的吃苦，培养了他顽强的意志和勤俭的作风。后来，他考中进士，文韬武略，官至副宰相，并写出了千古传诵的《岳阳楼记》。

杜甫的《茅屋为秋风所破歌》、陶渊明的"夏日长抱饥，寒夜无被眠"、塞万提斯在狱中构思出的《堂吉诃德》……都说明了他们吃过苦、能吃苦，在苦的面前矢志不渝。

发愤读书

名人的第二个特点是好读书。孔子、范仲淹、杜甫、陶渊明等好读书自不待言，战国时期爱国诗人屈原、刘邦的高参张良、数学家苏步青等名人也都是好读书之人。

屈原小时候读的是竹简，他手不释简，烛光彻夜通明。一日，山风吹灭了烛火，又点不着，他便用手摸着竹简上刻的字继续读。对于文化典籍、神话传说、天文历法、自然地理等书籍，他都如饥似渴地阅读。经过努力，他后来创作了《离骚》《九歌》《九章》《天问》等名作。

西汉开国功臣张良在桥头获神秘老人赠予的《太公兵法》这本书后，日夜反复诵读，牢记在心，终得真谛，成了刘邦的高参。在鸿门宴上，靠着张良的细心调度，刘邦安然脱险。

数学家苏步青小时候家境贫困，读不起书，有时只好在私塾窗外听几句。后来，他上了小学读书，因贪玩而几次得分倒数第一名。后经老师教诲，苏步青深感惭愧，暗下决心，发愤读书。有时为了看懂一本书，他步行几十里山路，向别人借字典逐个将生僻字弄明白。之后，他的名字总和"全班第一名"联系在一起。最后，他成为复旦大学校长，我国著名的科学家、教育家。

坚韧不拔

名人的第三个显著特点是有韧性。

那位从小就懂得砸缸救人的司马光，在编纂《资治通鉴》这部巨著时常常一伏案就是一整天。他怕时间不够用，特意做了一个圆形木枕头，在困极之时，便枕在圆形木枕头上睡一会儿。只要一翻身，圆形木枕头就滚到一边，把自己惊醒了，接着便又投入写作。奋战19年，他终于完成了《资治通鉴》这部记载了1300多年历史的巨著。

达尔文孤身登船，环球旅行，用20年的时间写出了《物种起源》；徐霞客历尽千辛万苦，用了30多年写成几十万字的《徐霞客游记》；李时珍倾注一生心血，历时20多年编撰成《本草纲目》；司马迁忍辱负重，用10多年时间完成《史记》；海明威不怕失败，卧薪尝胆写出了《老人与海》，一举获得诺贝尔文学奖……这些，都说明他们是特别有毅力、有韧性的人，因此才能取得这样的成就。

有一个青年问一位著名的小提琴家："您用了多长时间学琴？"对方回答："20年，每天12小时。"这说明需要极大的毅力，才能达到艺术水平炉火纯青的地步。

阅历丰富

名人都是阅历丰富之人。

孔子周游列国，从鲁国出发，游历了卫国、曹国、宋国、齐国、郑国、晋国、陈国、蔡国、楚国等地，十几年内受到冷遇；苏东坡一生坎坷，起起落落，多次遭贬谪；成吉思汗曾经被俘，后又机智逃脱；岳飞四次从军，力主抗金，自叹"八千里路云和月"；孙中山流亡海外时先后赴日本、美国、英国等国。这一切，都使他们阅历大增，思维更缜密，思想境界更开阔，行动更有力。

苏联作家高尔基11岁时当皮鞋铺学徒，后来又在轮船上当洗碗工，还当过扫院人、守夜人、搬运工、司磅员、泥瓦匠、捕鱼工人、晒盐工人。正是由于其丰富的人生阅历，使他深入认识了祖国，积累了丰富的写作素材。他创作的自传体三部曲《童年》《在人间》《我的大学》成为名著，他的《海燕》成为鼓舞人民斗志、反抗沙皇政府的精神武器。

了解名人身上的这4个闪光点，对于我们新闻工作者来说，有重要的借鉴意义。作为一名新闻宣传战线上的战士，必须要吃得起苦，勤奋学习，守住初心，意志坚定，在工作与生活中不断丰富自己的阅历。只有这样，才能恪守道德，敬业奉献，清正廉洁，精通业务，服务人民。

学习名人，从名人身上的闪光点获得人生的启迪，并付诸行动，你就会获得成功！

第59问：记者为何不可追求"高规格招待"

随着物质条件的不断丰富，各地各单位接待记者的规格也相应逐步提高了。有的单位开会时给记者开一份"车马费"，有的摆一桌筵席招待，有的送一份"纪念品"，有的让记者住四星级、五星级宾馆。《十八届中央政治局关于改进工作作风、密切联系群众的八项规定》发布后，这一情况才有所收敛。

吃喝方面当自律

其实，从严格意义上来说，记者采访不应该吃人家、拿人家的，而应当自掏腰包。笔者当年去中南海采访，回报社后会收到一张一角钱的茶水费应付清单。到人民大会堂采访，是没人管饭的，采访完后自行回家吃饭，现在也是如此。

那些年，笔者到基层去采访，人家摆了一桌饭菜，老记者告诉我们："尽量只吃靠近你的菜，手不要伸得太长。"吃完饭后，每人悄悄地在桌上放上一元钱和半斤粮票。

这些似乎都是有些陈旧的故事了，但回想起来还是有意义的。那时的这一份坚守，对笔者之后的工作影响久远，"吃饭要简单"成了下基层的常用语。

记者去采访，人家主动热情，主要应表现在介绍情况、提供素材、协助调研上，而不只是表现在吃喝上。记者在吃喝方面自律了，就会把主要精力用在工作上。

深入实际非空话

然而，有些地方却反过来了，记者下去以吃喝为主，采访为辅，材料一拿，大功告成。这不是采访，是在糊弄和享乐，以至于有少数记者变成了"吃喝拿卡要"的"专家"，成了一天跑几场会的"跑家"，成了别人招待不到位就耍大牌的"名记"。有人调侃这种记者"出门时像采访的样子，回来时像打猎的样子"。这样的采访，更谈不上接地气、三贴近。这样的调研，深入实际、深入群众也就成了一句空话。

记者是要做相当艰苦工作的人，不能追求"高规格招待"，不能让眼睛盯着"红包""车马费""纪念品""土特产"。

当年，新华社有一名记者去农村采访，因道路不通汽车，只能走着去，又逢瓢泼大雨，迷了路。如何找到公社办公室？他想，电线杆是个标记，沿着电线杆走便能找到。于是，他一步一步沿着一根又一根电线杆走，终于找到公社驻地。到达时，他已变成了一个"泥人"。这个故事说明了记者工作的艰苦性。

经济日报社原常务副总编辑罗开富当年重走长征路时，吃的是粗茶淡饭，睡的是茅房农居，每天走几十里，每天写一篇报道，还得了多种疾病。坚持368天，完成壮举，轰动了新闻界，在全国产生了很大影响。他不图"满招待"，用的是笨功夫、苦功夫。笔者听过罗开富老师讲课，听得热泪直流。

国庆节期间，笔者与几位老记者聊天，聊到战地记者和驻外记者的艰辛与危险，有的还献出了宝贵的生命，他们是我们学习的榜样。

赤诚为民学前辈

记者如果拥有一颗赤诚为民之心，是不会过度追求物质方面的要求的。民国初期的著名记者黄远生为追求新闻理想而辞去官职，以其"为国民请命"的情怀荡涤腐秽，廓清舆论，写出了许多优秀报道。他认为，记者应当有一颗赤诚坦荡之心，从自身做起，经常反省。他说："夫欲改革国家，必须改造社会，欲改造社会，必须改造个人。"

著名记者邵飘萍在他的《实际应用新闻学》一书中强调，记者是最容易得到社会信仰之人，但也容易堕落而不自知，又不及时防范，在种种利益诱惑之下，稍有疏忽，一失足成千古恨。

著名记者范长江到中国西北地区考察采访，历时 10 个月，条件相当艰苦。

斯诺到西北根据地采访，经常吃的是不发酵的保麸馒头、白菜、小米、土豆，喝的是白开水。

让我们重温一下 2500 年前孔老夫子的一段话吧！孔子云："贤哉，回也，一箪食，一瓢饮，在陋巷，人不堪其忧，回也不改其乐。贤哉，回也。"把这句话译成白话文大概的意思是：颜回的品质是多么高尚啊。每天一竹篮饭，一瓢水，住在简陋的小屋子里，别人都忍受不了这种清苦，颜回却没有改变他好学的乐趣。颜回的品质是多么高尚啊。颜回能成为孔门七十二贤之首，是与他这种艰苦踏实、泰然处世的思想行为分不开的。

转变作风接地气

看来，凡是想有成就的记者，都要在脚力上努力，在用脑上努力，在笔头上努力，而不应当在"招待"上计较，在"外快"上使劲。

那些招待规格特别高的单位，虽有热情的一面，但难免有把记者当垫脚石的想法，想通过招待得"满"把成绩拔高，把缺点掩盖，这一招不得不防。对记者过度恭维吹捧，绝非幸事，高帽子最容易令人昏昏然，看不清真相。

而那些在职工食堂招待记者和"不管饭"的单位，一般都是比较实事求是的单位，能让记者采访到真正有用的素材。

记者下基层，就应当深入基层，转变作用，改浮躁为深入，改走马观花为贴近泥土，改吃吃喝喝为接近群众。作风一变，文风也会变，写出来的新闻作品也会变，变得出彩、变得深刻，这才是正路。

第60问：如何用写作来调节情绪

写作有着许多好处：记录人生，展现自我，放飞理想，感悟人生，针砭时弊，实现价值。

同时，写作又是调节情绪的一剂良药，可以消除生气、悲伤、愤怒、烦躁、抑郁等不良情绪，使人变得平和、开朗、大度、积极向上。

这三个例子说明了什么

写作真有那么大的功效吗？让我们来看以下三个例子。

一位30岁的白领女士产后陷入了抑郁情绪之中，充满了无力感，经常会莫名其妙地悲伤和难过，常常在抱怨和痛苦的情绪中不能自拔。她问自己："为什么会这么痛苦？"后来，她重新开始写作，从每天的自由书写开始，与内心对话。她体会到，写作的过程就是疗愈的过程。通过写作，她慢慢地走出产后低谷期，生活又充满了活力。

俄国作家托尔斯泰年轻时生活无节制，甚至还经常赌博、借债、酗酒。有一天，他把自己所犯错误的原因一条一条记在日记本上，这些原因是：缺乏毅力、自己欺骗自己、轻浮、不谦逊、脾气太暴躁、生活太放纵、模仿性太强、缺乏及时反省。经过这一次写作反省，托尔斯泰的人生发生了根本性的变化，他从此走上正道，并一步一步成为文学大家。

作家王蒙在《我为什么写作》一文中说："至少我有理由希望，在写作的时候的我能够比我自己还要好一点，聪明一点，丰富一点，有时候更执着一点，也有时候更豁达一点。"他还说："我喜欢写作还因为我并不是总是快乐的。谁能回避那些沉重的不愉快的甚至是可怕的事情呢？然而当这一切经验都变成文学的契机的时候，人生就比较能够忍受了。"

由此可见，写作确实有着调节情绪的作用。它能抚慰心灵，治疗心灵的创伤，使人正气上升、邪气消除，达到神清气爽的境地。

写作为何有如此功效

为什么写作在调节人的情绪方面会有这样的功效呢？

第一，人在说话时，偏向于感性思考；而在写作时，则偏向于理性思考，不易偏激。因为在写作时，要遣词造句，考虑先写什么，后写什么，突出什么中心思想，等等，这时的心情是比较平静的，不会那么冲动。

比如，网上热议的蚌埠徽州宴老板娘的过激言论，就是在情绪爆发时的"祸从口出"。如果在对双方调解时，让她用笔来写，就不会写出那些极端的话，也许事情经过调解很快就平息了。

第二，写作是作者与自己内心沟通的桥梁。写作时作者会反省自己，找出自己的不足。人的情绪分为正面情绪和负面情绪。在有负面情绪时，写作可以澄清自己的想法和感受，从而获得有价值的自我认识，把负面情绪转为正面情绪。虽然找人谈话也有这种效果，但人们在纸面上通过思考写下的话更容易提出解决方案。

第三，写作有助于宣泄情感。人的一生总会遇到这样或那样的困惑，比如，突如其来的变故带来的悲伤，职场中的挫败，人际关系矛盾，对一些事产生愤怒或恐惧，等等。这时，如果只是劝自己"想开点"，并不能解决什么问题。而如果用写作来尝试一下，把事情写下来、理清楚，使情感得到宣泄，缓解压力，而不是把郁闷堵在心头，这样解决问题就比较容易。

第四，写作可以作为事后反思的工具。比如，有一个青年总是与母亲吵架，他通过半年的阅读和写作，做了反省，改变了思维模式，现在与母亲相处得非常好。还有一位家长经常跟孩子发火，他把"为什么我会发火""下一次遇到这种情况怎么办"等问题和答案记录下来，很快就改掉了经常发火的坏毛病。

第五，写作使头脑变得更加清醒，更有责任与担当。长期写作需要不断阅读加上勤于思考。这样，脑子里想问题时，逻辑性较强，看问题有了深度，有了自己独特的见解，语言表达能力也大大提高，给工作、学习创造了良好的条件。

人民日报社原副总编辑梁衡在《我的阅读与写作》一书中说："我初当记者时总有一种新鲜感和莫名的自豪感，仿佛周围的人物事件都由我的笔尖来调遣。"后来，经过多年的采访写作实践，他觉得，自己"由天真变得实在，由浮躁变得深沉，上任之初的那种职业的新鲜感、自豪感换成了一种人生的使命感、紧迫感，使我能以新的姿态对待以后的人生"。

现代科学证明，写作确实有许多好处，它可以有效地改善人们的情绪和心理健康，可以疗愈人们的心灵创伤，使人焕发新的活力。写作与健康的课题已获广泛研究并应用于临床心理治疗、医学、教育等领域。

既然写作有这么多好处，那就赶快拿起你手中的笔，开始写作吧！只要你日复一日、月复一月、年复一年坚持笔耕不辍，一定会取得丰硕的成果。

第五章 提升篇

第 61 问：什么是深度学习

许多人在写作中经常会遇到一个问题：写得不深。无论是消息还是通讯，无论是写人物还是写事件，无论是评论还是随笔，写得都比较平淡，不深刻，少新意。

这是什么原因呢？怎样才能摆脱并跳出这一困境呢？

笔者的体会是，要想深度写作，先要从深度学习开始。

学习难以"速成"

在互联网时代，许多人在追求"快"，追求"速成""神速"。面对潮水般涌来的一波又一波信息，快速阅读，快速学习，看手机阅读，躺着"听书"，渐渐成为人们的生活习惯。当我们似乎知道很多的时候，忘记的也很多。

学习上的肤浅与抄近道，使人们少了思考力，少了辨别力，少了联想力，也少了执行力。所以，写出来的东西也就比较肤浅。

为此，必须强调深度学习。

学习是很难速成的。想获得有价值的知识，必须踏踏实实地学。"深"和"韧"不失为有效的办法。知识有一个积累的过程，有一个消化和吸收的过程，不能学了一点知识便浅尝辄止、沾沾自喜。

什么是深度学习？深度学习是一种专注的学习、持久的学习，能把学到的知识融会贯通并加以运用的学习。

而浅度学习正好相反，学习不专注、不持久，东一榔头，西一棒子，走马观花，一知半解，知识不能积累，也不能运用。

学会利用时间

时间对于每一个人来说都是公平的，每人每天都有24个小时。似水流年，白驹过隙。但是，每个人具体分配时间的方式是不同的。

除了工作时间外，有的人把大量时间用在玩手机游戏上，有的人把时间消磨在直播平台的嬉笑中，有的人则在饭局的推杯换盏中浪费了许多时光。而真正注重深度学习的人，会合理利用时间，既能保持充足的睡眠，注意饮食的营养，又能利用时间开展适当的运动。而当他一旦进入学习状态，就能十分专心，不受干扰，永远保持一种良好的精神状态，保证一定的学习时间。

有人认为，熬夜是充分利用时间学习的好办法。这种想法是不对的。除了必要的夜班外，在正常情况下最好不要熬夜。熬夜通常是以第二天的精神状态欠佳为补偿的。

一天中效率最高的时间应当是早晨或上午。当大脑经过一夜的休息之后，这时是最清醒的。古人说"一日之计在于晨"，是有道理的。

有学者认为，早晨的效率是白天其他时间段的3倍。因人而异，这个结论可能有所偏颇。但是，充分利用好早晨这段时间进行学习与写作，是十分重要的。

学习与写作重在专注

进行深度学习和写作需要有一个良好的环境，也需要培养一个良好的习惯。

一个安静、舒适和不受外界干扰的环境十分重要。有的作家为了写作，专门跑到郊区的一间小屋子里写，"躲"起来、"藏"起来进行创作，就是为了不受外界干扰，可以专心致志地写作。

而现在，干扰我们专注学习的外部因素太多了：手机铃声的干扰，邻居家装修噪声的干扰，快递员按门铃的干扰，办公室内不速之客造访的干扰，都是使学习专注力分散的因素。

当然，有定力的人会在干扰出现后暂时中断一下，然后继续学习或工作。而缺乏定力之人在干扰出现后会变得烦躁，打乱了学习或工作的计划，效率大为降低，有的甚至停止了学习或工作。

怎样提高自己专注学习与写作的能力呢？

首先，要给自己的学习与写作定一个目标，比如，本周要读完一本书，3天内要写出2500字的文章，明天要去图书馆查阅参考书，等等。然后督促自己为完成这些目标任务而努力。学习是要有一点紧迫感的。松松垮垮、拖拖拉拉，"明日复明日"，就会把时间浪费了，且一事无成。

其次，改掉学习与写作时的不良习惯，比如，边学习边看手机、看电视、吃零食等。这些事可以在学习间歇时或完成学习任务后去做。学习了一段时间，如60分钟或90分钟，可以休息15分钟或20分钟。这样，大脑就不会过度疲劳，专注力便能持久。

最后，树立起学习的庄重感和仪式感。古人读书前要"焚香净手，端衣正帽"，还要整顿几案，书籍不可损污折皱。这些，都表示读书是件值得重视的事情。如今，我们在家中学习的时候，最好坐在书桌或电脑前，尽量不要躺在沙发上或床上看书。适当的时候，可以到附近的图书馆去读书，在那里可以体会到读书的氛围。也可以去几次实体书店，看看有什么新书发布，以及什么书热销，了解一下图书市场的现状。

学习的时候，可以适当做一些笔记。也可以在书上对重点部分画上线、加上批注。

贵在坚持与实践

在学习中，怎样才能把学到的东西记住呢？

有人学了东西能记住，有人却很快忘却，这是为什么呢？关键在于你能否把学到的东西与脑子里已有的知识体系建立起联系。比如，学习了新闻中通讯的写作方法，要能够把它与消息的写作方法进行对比，弄清两者的共同点和不同点，这样你对通讯的写作方法的记忆就深刻、长久了。

还有一条，就是把学到的东西运用到实践中。比如，学习了人物通讯的写作方法，你就按照这个方法去写一篇人物通讯，并能有所创新，这样你便能牢记不忘了。

深度学习贵在坚持。有格言说，学无止境，学贵有恒。如果缺乏恒心，三天打鱼，两天晒网，是学不好的。比如读书，一个月读3本书不难，但若能坚持10年每个月读3本书，那就达到360本了，就是了不起的成绩。

读书虽然不能光拼数量，但必须保证一定的数量。为何古人说"学富五车""读万卷书"？没有一定的数量，便难以提高到一定的质量。茅盾说："一个准备从事写作的人，他的文学名著的诵读范围，也应当广博。"文学如此，新闻也同理。

深度学习要学会抓重点的技巧。一本厚厚的书，对你有用的也许只有几篇。学习必须抓重点，一般的地方浏览一下即可，重要的地方多读几遍。当你有了"重点意识"的时候，学习就可以变得更有效率，学习的过程也可以变得更加舒心。

如今的信息时代，竞争十分激烈。那些不去学习提高的人，必然会被淘汰。作为媒体工作者，需要掌握多方面知识，成为"一专多能"的人才。

只有进行深度学习的人，才能不断提升自己的思想境界，扩大知识范围，提高写作技能，才能在写作中妙语连珠、笔翰如流、斐然成章，写出与众不同、胜人一等的有深度的精品，才能把新闻宣传工作搞得更加出色。

第62问：新闻"无学"吗

以前曾流传一种说法，叫"新闻无学论"。其意思是说，新闻这项工作只要去干就行了，从实习做起，跟着老记者采访几次，写几篇消息或通讯，就能把新闻这一套学会了，比较容易入门。

其实，这是一种片面的认识。新闻是"有学"的，而且大有可学，这就是新闻学。作为记者和通讯员，在日常忙忙碌碌地采访、写稿、发稿的同时，学习一点新闻学是很有必要的，可以加深对新闻的理解，有利于工作。

什么是新闻学

什么是新闻学？新闻学是一门研究新闻现象和新闻规律的科学，其研究的主要内容包括理论新闻学、实用新闻学、历史新闻学。此外，新闻研究的对象还有新闻伦理学、新闻心理学、新闻统计学、媒介管理与经营等。

理论新闻学主要是总结人类新闻活动的基本规律。它将新闻实践总结、提高后抽象出来，在理论上加以概括，同时又用于指导新闻实践。《新闻学概论》《新闻学原理》等书籍是它的研究成果。

实用新闻学就是通常说的新闻业务。它研究的对象是新闻知识和技巧，包括新闻采访、写作、编辑、评论、摄影、报刊发行、网络新闻等。

在这一方面，出版了大量的书籍。

历史新闻学主要研究人类新闻活动的历史、人类新闻事业的产生与发展，并形成历史教材，供当前的新闻工作者借鉴。这方面研究出版了一系列关于中外新闻事业史、新闻学术史、新闻人物史等的著作。

新闻学的以上三个部分是一个整体，互相联系，不可分割。因此，在研究中既要有重点，又要加以兼顾。

新闻是一门实践性很强的工作，但是必须有理论的指导。有了理论的指导，可以站得更高、看得更远、想得更深、写得更好。如果轻视新闻理论的学习，再多的实践也只能停留在山脚下，最多爬到半山腰，是登不上顶峰的。

我国新闻学的开山之作

北京大学于1918年成立的新闻学研究会，是我国最早的新闻学研究机构，标志着我国新闻学研究和新闻教育的开始。

1918年8月，著名新闻人徐宝璜的《新闻学》一书出版，这是我国第一部新闻学专著。1923年，著名记者邵飘萍的《实际应用新闻学》一书出版，这是我国最早的应用新闻学专著。1927年11月，著名报史专家戈公振的《中国报学史》一书出版，这是我国第一部新闻学史学专著。

这三本著作是我国新闻学的开山之作，奠定了我国新闻学理论的基本框架。凡是从事新闻工作的人，都应当读一下。

之后，各种新闻学著作陆续出版发行。其中比较著名的有任白涛的《应用新闻学》《综合新闻学》、萨空了的《科学的新闻学概论》、储玉坤的《现代新闻学概论》、恽逸群的《新闻学讲话》、方汉奇的《中国近代报刊史》、甘惜分的《新闻理论基础》等。

还有一大批新闻采访、写作、编辑的专著、年鉴、手册，在此就不一一列举了。

改革开放以来，新闻学不断扩充学科体系，增加学术含量，赢得了在学术界应有的地位。现在许多大学的新闻系设有新闻硕士研究生、博士研究生。

学习新闻学的意义

新闻学是一门具有人文科学（如文学、哲学、历史等）性质的社会科学，它的实践性很强，有着自身的规律。

1998 年 5 月，国务院学部委员会将新闻学从三级学科晋级为一级学科，学历层次有中专、本科、硕士、博士。许多青年人喜欢报考新闻专业，许多人还改行投入了新闻事业。

新闻是怎样产生的？它是怎样发展的？它的运行有什么规律？它与其他学科领域有什么关系？新闻人才如何培养？这一系列问题，都可以在新闻学的研究中找到答案。

学习新闻学有着理论上的意义，它可以使新闻从业人员在宏观上对新闻理论结构有所理解，从而把握住新闻事业的运行规律。学习新闻学也有着实践上的意义，它可以提高新闻从业人员的政治洞察力和历史洞察力，运用新闻规律来指导实际工作，写出优秀作品。

学习新闻学必须坚持理论联系实际的学习方法，把平时遇到的新闻现象通过理论进行分析，以自己的见解去解读和解决。学习新闻学还要与提高个人自身素养结合起来，扩大知识面，敢于提出问题，增强"四力"，笔耕不辍，保持定力与毅力。

学习新闻学，可以打开我们的思路，提高分析、判断事物的能力，让我们能够更快地发现新闻，更好地掌握技巧，从而成为优秀的媒体工作者。

人民日报社原副总编辑梁衡在他的著作《新闻原理的思考》中说："新闻这个行业恐怕是最易被人误解的行业。它和政治、文学、社会、经济等学科都关系密切，交叉甚多，和哲学、科学、艺术也有渊源。"他认为，只有努力寻找到那个点，那个新闻与各种学科交叉后新的生长点，才能找到新闻自身的个性。

我们学习新闻学，就是为了寻找那个点，以达到豁然开朗、高屋建瓴的境界。

第63问：如何把新闻培训办得生动、有实效

笔者曾作为学员，听过多次新闻培训课；也曾作为教师，讲过多次新闻培训课，对新闻培训工作有一定程度的了解。

这里说的新闻培训课，指的是短期的新闻培训班，有的上半天课，有的则是一两天。讲授的内容主要以新闻采访、写作、编辑为主，也有专题讲新闻发言人、网络宣传、新闻摄影、如何办好企事业内刊、采访礼仪、企业文化建设、舆论应对等内容的。参加人员主要是企事业单位新闻宣传干部。

如何把新闻培训办得生动、有实效？以笔者的体会，必须抓好以下几个方面的工作。

精心设计授课提纲

在上课前一周或半个月，新闻培训课的主办方应当认真研究一下，结合当前形势，这次培训要讲什么内容，想达到什么目的。可以针对新闻宣传工作中遇到的问题，以及学员们提出的问题，列出一个授课提纲，让授课老师进行准备。

如果是请两位以上老师讲课，那么，各位老师的讲课内容应各有侧重，不要重复。比如，请3位老师来讲课，可请一位讲新闻采访与写作，一位讲新闻摄影技巧，一位讲网络舆情与危机公关。

授课教案最好做成PPT，即幻灯片，用电脑与投影仪进行讲课。这样图文并茂，课程就比较生动。如果只是拿着稿纸讲，虽然也可以，但效果要差一些。

教案最好拷贝给学员，便于学员复习查询。可以明确告诉学员，教案只是培训班上用，不要上传至互联网，因为教案的内容还有需要修改之处，以及涉及知识产权保护等问题。

所请授课老师最好是在媒体工作多年，既有理论水平又有丰富实践经验的。授课老师要有较强的语言表达能力，有亲和力。

理论密切联系实际

参加新闻培训班的学员都是抱着"学一点真正有用的东西"的目的来听课的。他们之中，有的是新闻业务科班出身的，有的是半路出家干新闻工作的，还有的是刚踏入新闻宣传工作行业不久的新手，水平参差不齐，是正常现象。

不论学员水平高低，只有用理论密切联系实际的方式讲课，才能达到良好的效果。如果一味地从理论到理论，从定义到概念，效果就不会好。这就是说，讲课内容既要有理论的深度，又要有实践的宽度。不讲理论，学员对一些新闻的基本概念就无法掌握；不结合实际，讲课难免枯燥，缺乏说服力。

讲述的实例最好是老师亲历的和亲自体会过的，既要具体，又要有可操作性。比如，笔者在讲新闻采访这一节时，就讲了当年赴山东采访的经历：从省政府看一大堆文件简报开始，一路向东走进基层农村调研，访问了农民，才写出了好稿。由此鼓励学员深入基层采访，去"抓活鱼"。

又如，笔者在讲新闻策划这一节时，就举了经济日报社原常务副总编辑罗开富重走长征路的实例。从如何开始策划讲起，讲到实施时有什么具体规定，遇到什么困难，怎样取得成功，等等。因为笔者与罗开富交谈过他重走长征路的故事，所以能讲得比较生动具体。通过这一实例，使学员较快掌握了新闻策划的内涵及操作方法。

图文视频加以穿插

授课中，一定要用文字、图片、视频穿插的授课方式。除PPT外，还要准备一些图片与短视频。这样做，学员听课的注意力会集中，不会开小差。

笔者在讲课前对学员说过，上课时，你们可以看手机，可以打瞌睡，但是，我要让你们舍不得看手机，舍不得打瞌睡。因为，讲课的内容很丰富，有许多好故事，如果你没有听到，是一种损失。

在讲课中，讲一段文字，播一段相关视频，列出几张有关图片，把学员的听觉、视觉神经都调动起来了，谁还顾得上看手机、打瞌睡？如果真有学生不爱听，那老师就得找找自身的原因，说明备课还不够充分，讲得还不够带劲。

有一次，笔者在讲怎样做新闻标题一节时，列举了20余种报纸、电视台及日常生活中的错误标题，让学员指出其中的错误，引起了阵阵会意的笑声，课堂气氛顿时更加轻松了。

又一次，讲到企业宣传片微视频时，笔者在课堂上播放了关于"回家""母爱"的主题视频，让许多学员眼睛湿润了，有的流下了感动的泪水。

教师学员实行互动

培训班授课最忌灌输式、填鸭式的办法，而应采取启发式、问答式、互动式的办法，把课堂情绪调动起来。当授课老师与学员有互动交流时，课堂气氛就活跃了。

在讲课中，老师可以提出一些问题，让学员举手回答，然后对学员的回答进行补充或修正。比如，笔者在课堂上就提出过"新闻除了时间新还有什么新？""飞机航班正点是新闻还是误点是新闻？""你知道'雄关漫道'这4个字的意思吗？"等问题，引发大家讨论，最后进行总结。这样授课，让学员加深了对新闻的理解，进一步掌握了写作的要领。

在讲课时间有富余的情况下，还可以做一些小测验，比如，让学员为一篇文章做标题、修改病句等。

互动的另一种方式是，可以出一个题目，分小组讨论，让每一小组派出一位代表来陈述观点，很有现场PK（挑战）的味道，学员参与的积极性较高。

关于讲课的时间问题，一般来说，上午9点至12点、下午2点至5点这两个时间段比较合适，每半天课中，可以休息10分钟。老师要把握好时间运用，不要前松后紧，也不要延长课时。有的老师为了显示自己讲课内容丰富，常延时20分钟至半小时，实在没有必要。再重要的会议，也要散场，因为每个人都有一个胃。延时太久只能说明讲课无计划。当然，也不能提前收场，偷工减料。

准时开课，准时收场，是一个有经验的授课老师自信的表现。

努力实现学以致用

"学以致用"是短训班要达到的目的之一。要对学员讲清楚，参加新闻培训后要学会运用。只有那些善于把所学的新闻知识运用到实践中去的人，才能成为优秀的新闻宣传干部。

为此，授课的内容必须让学员听得懂、记得住、用得上，把知识转化为实践。如果不能学以致用，这样的培训意义就不大。

在课堂上，应当要求学员做好笔记，把重点记下来，尤其是那些需要今后实践的内容，要重点提示。老师可以布置一些课后作业，让学员在课后写新闻稿时把课堂上学到的东西运用一下，看看效果。

当学员收获了学以致用的成果后，在新闻业务上有了提高，就会进一步提高学习积极性，实现学习、阅读、采访、写作的良性循环，进步就会更快。

第64问：如何成为新媒体文案高手

随着互联网的兴起和迅速发展，人们的生活方式、阅读方式和购物方式发生了巨大变化。10亿网民离不开电脑和手机，新媒体平台层出不穷，争奇斗艳，竞争激烈。报纸、杂志、电视台上的广告、软文减少了，新媒体文案应运而生，影响力越来越大。

什么是新媒体文案

新媒体文案是商家、企业通过新媒体平台发布的文字、图片、视频等广告创意内容，以达到吸引受众关注与购买的目的。

新媒体文案与传统媒体的广告相比，有几个显著特点：一是时效性显著，传播速度非常快；二是推广力度大，好的文案可以吸引千百万、上亿受众；三是互动性很强，通过点评、转发、回复形成良性循环；四是形式多样化，既可由文字体现，又可用照片、短视频、动图、超链接实现。

新媒体文案常见于微信群、微信公众号、电商平台、微博、头条号、论坛等载体上。只要能引起受众关注，就会形成大量点击与转发，具有极大的影响力、传播力。

怎样写新媒体文案

要想写好新媒体文案，成为写作高手，先要做好文案的前期准备工作。文案写作要既有迫切性，又有针对性。

在策划文案前，必须做好调查研究工作。要了解产品的性能、市场范围、受众群体，了解发布平台的特点与不足。写作者要有营销思维能力，明确写作目的。针对活动推广、促进销售、宣传品牌、用户互动等不同的目的，策划相应不同的创意方案，以达到预期的目标。切不可仓促上马，用"以不变应万变"的方式来写，这样做效果必然不会好。

同时，要细心收集相关的信息与资料，做到有实料、有数据。在写文案时，要用事实说话，不可以虚构，也不可以夸大，这与写新闻稿的要求是一致的。因此，对掌握的材料要认真核实真伪，选取那些最有说服力的素材与数字写入文案。

认真做好产品定位、分析受众、选取平台的工作。文案的核心是推广品牌与产品，是为大众服务的，重点是那些特定人群。因此，写作者要从产品自身出发，确定受众范围以及他们的兴趣点。对老人、小孩、学生、女士、男士、干部、健身爱好者、文艺工作者等各不相同的人群，要有的放矢，结合受众特点去写。

在新媒体文案中，对产品的功效、特点、优势、价值、价格、购买渠道、售后服务等内容都要充分考虑并给出明确的答案。有一家手机企业推出的广告文案标题是"充电5分钟，通话2小时"，突出了最大卖点——快充技术，收到良好效果。

文案要写出好的开头。好的开头是吸引受众接着往下看的前提。常用的开头法有故事开头、背景开头、提问开头、悬念开头、金句开头、热点开头等，可根据文案实际情况选取一种。

比如，下面这个销售酒的文案，是以背景开头的：

茅台地产的糯性"红缨子"高粱，富含有益人体健康的多种微量元素，是专业酱酒酿造之选。赤水河因为其独特的地理环境和水文气候特性被称为美酒河……

这样一开头，接着推出自己要介绍的酒有了信心与底气。

又如，某销售洗洁精的文案，是以提问开头的：

你有多久没有洗干净你家的碗了？你家的碗到底有多脏，你知道吗？

这样的提问激活了读者的大脑，令读者情绪紧绷，开始关注下文。然后文案引出回答，为销售埋下伏笔。

文案的标题是整篇文的"眼睛"，要明亮、传神。标题不可做成"标题党"，不搞"自嗨"式的哗众取宠那一套，不可弄虚作假，也不可贬低他人，而要真诚、真实、真情。标题要有卖点、痛点、兴趣点，让读者一看就有阅读欲望。

努力做出吸引受众的标题是一门学问，可以从模仿开始，反复练习、比较，然后创新，优中选优。

文案高手的素养与技巧

要想成为文案高手，必须有良好的媒介素养和写作技巧。

——文案高手都是关心时事的人，他们思维活跃，有较深厚的知识储备，能了解最新的各种信息，并结合本单位实际情况，把信息及时融入文案之中。

——文案高手对市场比较了解，有独到的见解，有创意创新能力，能根据媒体环境与传播要求做出正确判断，及时把握机会策划文案。

——文案高手应当熟悉新媒体的各种形态，熟悉互联网运营系统，熟悉常用的办公软件和图片、视频处理软件。

——文案高手具有良好的语言文字表达能力，有艺术鉴赏力，写出来的文字逻辑严密，讲究技巧，既通俗易懂又引人入胜。

——文案高手有较强的沟通能力，能协调各部门的人际关系，爱岗敬业，有团队精神，能与同事互相帮助，一起进步。

只要不断努力学习与实践，你一定能成为写作文案的高手！

第 65 问：媒体为何要"研究读者"

一位老报人说："新闻机构应把读者问题放在重要位置，积极开展研究工作。对我们的读者（广播听众、电视观众）研究得越深、越透，我们的新闻工作的党性就会越强，报纸就会办得越出色。"看来，"研究读者"是媒体值得重视的一件事。

"读者"是传统媒体时代报纸、杂志对受众的称呼。进入融媒体时代，已被广泛称为"新闻受众"，就是指那些看媒体的人。

读者与媒体的关系

古人说："知彼知己，百战不殆。"读者的年龄不同、受教育程度不同、兴趣爱好不同，对媒体的选择和关心程度各不相同。但是，在读者与媒体的关系上，有以下几点是相同的。

一是读者对媒体有选择的主动权。读者选择什么媒体，选择看什么内容，看多少时间，接受多少，这些选择的主动权掌握在读者手中。比如，看电视节目，有人喜欢访谈节目，有人喜欢体育节目，有人喜欢文艺演出，有人喜欢烹饪厨艺，这都是由个人选择的。以前，每家只有一台电视机时，还经常会发生两代人为看不同节目而争执的情况。

二是读者与作者有交互性，即读者可以赞同媒体与作者的观点，也可以提出建议或批评，可以通过读者来信或跟帖反馈等各种方式表达自己的看法。这种意见对读者来说，是个人对媒体内容的评价；对媒体作者来说，是一种激励与鞭策。

三是滚雪球效应。读者多的媒体，雪球也会越滚越大。好的媒体会有人推荐，一传十，十传百，影响力会越来越大。比如，有些普通人的短视频，以前许多人不知道，由于做得好，后来推介文章多了，受众多达上千万。反之，如果没人推荐、没人转发，读者会逐渐萎缩。

如何做到"心中有读者"

心中有读者，媒体有特色。了解以上这些读者与媒体的关系后，今后如何做到"心中有读者"，把媒体办得更好呢？

首先，办媒体要了解读者、尊重读者。对读者群体的人数、性别、文化程度、地域分布、阅读习惯、增减规律等有一个具体了解。要克服"我办你看"的心理，提倡群众办报、大众参与。可以通过微博、微信、读者来信、跟帖等各种交互方式，加强与读者的交流，针对读者兴趣提供信息服务，以留住读者，增强读者黏性，并在互动中发现新的新闻线索。

其次，办媒体要为读者提供优秀精神产品。在互联网时代，技术手段是重要的，但必须坚持"内容为王"，努力提供精品。任何为了增加点击率、阅读量而采用买水军、造假和哗众取宠的做法都是不可取的。要以优质丰富的内容吸引读者，在这个基础上，采取各种技术手段满足融媒体时代读者的阅读需求，激发读者的阅读热情，形成良性循环。

最后，办媒体要从读者那里吸取营养。邹韬奋在办报刊时，要求刊物将受众定位于社会中下层民众，以新颖有趣的文字贴近群众生活，达到吸引读者的目的。他认为，办报刊要既能给读者带来生活中的快乐享受，又能充当他们人生的指向标，抑恶扬善，促进社会的进步。他要求记者编辑站在最大多数的群众的角度，接近大众、服务大众，为大众办报，让大众懂报。这是他在认真研究读者基础上确定的办刊思想定位。

经济日报社原总编辑安岗在办报时说："在社会主义报纸读者问题的研究中，第一位重要的应该是研究读者来信。"他认为，报纸是要教育人的，但也确实需要从读者那里吸取政治营养，受到教育。他还说，为读者的问题，就是为什么人的问题。报纸要办得有政治的、艺术的吸引力。吸引力从哪里来？坐在屋子里挖空心思是不行的，要能针对读者的需要。所以我们要向读者学习办报，学习编报，学习采访，学习写作……他指出："研究读者，就是要解决我们怎样为读者服务得更好的问题。"

在研究读者的基础上，他先后负责创办了《市场报》和在美国出版的《中国市场》、在日本出版的《中国经济动向》等，指导策划了《重走长征路》《让王府井大街亮起来》等重点报道，在社会上引起了较大反响，受到了业界和读者的好评。

"研究读者"是新闻学上的一个课题，值得媒体工作者深入探讨。

第66问：如何突破写作"瓶颈"

在写作中，尤其是在新闻写作中，容易发生"现贩现卖"的情况。不是一次两次，而是长期多次，形成习惯，习以为常，写作也就出现了"瓶颈"期。

"现贩现卖"的主要表现为：参加完一场新闻发布会或会议，照着新闻通稿改几笔就发稿，接着又去赶下一场会议了。还有，采访一个人和一件事，就是回单位后把采访记录稿整理一下就发表了。

在这种"现贩现卖"的写作状况下，有的作品纯粹是为了交差，有的作品是为了追求数量，缺乏新意，也缺少深度。

产生写作"现贩现卖"的原因是什么？怎样才能突破写作"瓶颈"？

写作不能只追求数量

产生写作"现贩现卖"的主要原因是作者只追求作品数量，而不追求质量，认为发稿量是考核工作成绩的唯一标准，至于稿件质量，众口难调，不必多加理会，作品数量多了，自然会有几篇不错的。

在这种思想指导下，写作速度是快了，但是质量不高，精品更少。有一位老记者说："一天的报纸只要有一两篇可读的东西，读者就满意了，可惜有时一篇也没有。"这话道出了读者对作品质量的期盼。

写作应当有计划性

写作者的工作缺少计划性也是造成"现贩现卖"的原因之一。有人每天忙忙碌碌，四处奔波，而没有制订一个中期的和长期的写作计划。比如，准备在哪个方面重点突破？准备写哪几篇有深度的报道？准备成为哪一行业的报道行家？缺少通盘考虑。

只有把短期的写作任务与中长期的写作计划结合起来，才能有目标地积累材料、研究问题、步子扎实，形成自己的观点与风格。

在写作中，策划应当是一项重头戏，要先行一步。如何拓宽写作领域？如何丰富写作内容？如何组织实施写作计划？都应当有一个安排。"现贩现卖"只是临时的状态，如要进入良性循环，必须有策划、有选题、有连续报道。这样的写作，其作品必然是扎实的、有见解的。

知识是写作的基础

学习不够，知识积累不够，容易造成"现贩现卖"的状况。写作中需要联想，需要背景材料，需要安排结构，需要优美的词句，这些都要靠平时的学习积累才能获得。

有的作者发了一些稿件后，便沾沾自喜，"王婆卖瓜，自卖自夸"，认为自己是写作天才，不学习也能过得去，还有的借口工作忙，没时间学习。这样一天一天下去，必然是储备知识用尽，跟不上时代步伐，写出来的作品只能停留在"大路货"的水平。

基础知识就是盖楼房的地基，地基打得不牢靠，房子就盖不高，甚至会倒塌。从古至今，优秀的作家都是知识十分丰富的人。我们熟知的新闻界优秀记者，如黄远生、邵飘萍、林白水、戈公振、邹韬奋、张季鸾、胡敬之、王芸生、范长江、徐铸成、赵超构、穆青等，都是学识渊博、见多识广的人。

多思方能突破"瓶颈"

思考能力不够，作者的脑子还不够勤快，想问题想得不深，想得不透，不能透过现象看到事物的本质，从而只能"现贩现卖"，没有自己的观点。

其实，在作品中表明作者的观点和立场是十分重要的。作者坚持什么、反对什么，应有明确态度，不可人云亦云。这与作者掌握辩证唯物论的水平有关。只有具备分析、辨别、综合、判断的能力，才能写出有深度、有新意、胜人一筹的文章。

如果有人一时写作水平停滞，不能突破"瓶颈"，这时就需要多分析别人的文章为什么能够受欢迎，从标题、结构、开头、结尾、立意细加分析思考，见人之长，补己之短，拓展自己的选题与思维能力。在写作的时候，可以多选几个入手的角度，反复比较后，选一个最满意的角度入手，往往能取得很好的效果。

要改变写作中"现贩现卖"的状况，就必须脑子中有精品意识，对自己的写作有一个中长期计划，平时抽时间多读书、多学习、多思考。这样几年下来，作品的面貌就会有一个大的改观，写作水平就能突破"瓶颈"，踏上一个新的台阶。

附：阅读笔记——写作的兴趣与习惯

在笔者认识的同事和朋友中，有几位常年坚持写作，笔耕不辍，作品累累，水平很高。他们为什么能达到这个境界？分析起来，就是因为他们培养起了写作的兴趣与习惯。

说到写作兴趣，有人会说，我对写作不感兴趣。如果你不是搞文字工作的，说这话还有情可原。如果你是搞文字工作的，当上了文秘、通讯员或记者，那就不应该说这样的话。要变"不感兴趣"为"很有兴趣"，要逐步培养起写作的兴趣。

常言道：兴趣是最好的老师。兴趣不是天生的，是可以后天培养的。有人对书画有兴趣，有人对摄影有兴趣，有人对收藏有兴趣，有人对花鸟鱼虫有兴趣……这都是逐步培养起来的。写作虽然需要天赋，但占比不多。有了兴趣可以使笨鸟先飞，且能展翅高飞。

怎样使自己对写作越来越有兴趣呢？

首要的方法就是阅读，多读一些名著，看看别人是怎么写的，为什么会写得这么优美，自己的差距在什么地方。同时，可以读一些写作技巧方面的书，掌握一些必要的技巧，在写作中就可以少走弯路。"读书破万卷，下笔如有神。"读书多了，资料就多了，语言就丰富了，写作就顺手了，能触类旁通，写作的兴趣自然就来了。

提高写作兴趣的另一条有效途径是把工作生活与写作结合起来。把日常工作生活中观察到的、体验到的点点滴滴，用日记、微博等形式记录下来，日积月累，就是一笔财富。当需要写稿件时，就有"源头活水"，不会觉得难以下笔。

提高写作兴趣还可以通过积极投稿、争取发表来实现。开始时，可能屡投不中，但长期坚持下去，一旦获得发表，作品得到了他人的认可，情况就会转变，这将极大地提高写作的积极性。发表作品的媒体层次越高，从小报到大报，从县级到省级、中央级，对作者的激励作用越大。如作品能获奖，有奖品，有稿酬，那更是喜上加喜。

杨振宁说过："成功的秘诀在于兴趣。"物理化学是这样，文学写作也是这样。是兴趣架起了现实到成功的桥梁，只要行动，便可到达成功的彼岸。

有了写作兴趣，这只是第一步，下一步还须养成写作的良好习惯。

比如，有人养成了饭后散步的习惯，到时候不用别人催，也会主动去散步；有人养成了收看《新闻联播》的习惯，每天到晚上7点就会去打开电视机。写作也是这样，如果养成了写作的习惯，就会在习惯的驱使下，每天想着写点什么。

笔者的一位校友网名叫"青龙刀"，微信公众号叫"青龙刀笔记"。他在"五一"期间去报社食堂吃饭，因新冠肺炎疫情不让堂食，只供外卖。这位老兄见到了食堂的通知，觉得写得很好，拍了照，回家便写了一篇公众号推文。文中说："上图是我居住大院食堂在门口贴的紧急通知，因为疫情，暂停几天堂食，但可以去买饭菜，端回家吃。看通知，注意到最后3行字：

感谢您为防疫大局的付出。

感谢您对食堂的理解和配合。

没有停不了的雨，没有亮不了的夜，一起用笑容跨越过去吧！"

接着，这位老兄评论道："今天看到这纸紧急通知，虽说感到有点不方便，但也理解，更为最后那几句话感动，特别是在疫情期间，给人以鼓舞，给人以信心。像这样的通知，一般说清什么事也就罢了，孰知食堂的通知，在后面加了几行抒情诗般的暖心文字。我们的食堂，不光会做美食，还会写美文，令人刮目相看了。"

短文写到这里如果结束也是可以的。然而，这位老兄笔锋一转，写出了"评论员"式的文字："比较而言，有些地方党政机关，有些重要单位和部门，包括知名高校、重点文化单位，连一纸简单的通知都写不好，有的行文只知用些'必须''应该''一定要'之类指令性文字，事没说清，理没说明，硬邦邦、冰凉凉的，耍官腔，写套话，让人不爱看。还有的甚至乱七八糟，错字连篇。"

最后，他的文章是这样结尾的："说起来，这是个文字问题，实际上是思想作风、工作作风问题，不认真，不踏实。试问，如果连一纸简单通知都写不好，写得不如食堂好，还好意思坐在那个位置上吗？"

笔者想，这位老兄看到一张通知就能写一篇有意义的推文，除了思想敏锐之外，大概也是受了习惯力量的驱使吧！

有一位作家说："很多人开始做一件事，不久又放弃，周而复始，过了几年，什么改变也没有发生。而有些人养成了良好的习惯，几年如一日地保持着良好的习惯。这个习惯所产生的效果会通过'复利'的积累产生惊人的结果。"

陈忠实为了《白鹿原》这本小说，整整花了6年时间，每天一边啃着馒头，一边在昏暗的小屋内"爬格子"。有一位小学毕业的50岁宿管阿姨，常年坚持写作，6年写出了6部中长篇网络小说，不仅成了网络作家协会会员，还圆了她的老师梦。

这些例子说明，只要养成了良好的写作习惯，就能更有韧性、有恒心，突破写作"瓶颈"，取得丰硕的成果。

第67问：我国古代文论对新闻写作有哪些启示

我国古代文论是几千年来古人构筑的文学理论，是古人对文学创作的见解以及对作品的评论。

这些文论的内容很多，有专著，也有许多分散在各种经书之中。从孔子所处的春秋时期开始，到唐、宋、元、明、清，这些理论指导着当时的文学创作，成为古代学子的写作准则。如今，它们对我们的新闻写作仍有重要的启示作用。

孔子最著名的文学论述是他的"思无邪"说。在《论语·为政》中，孔子说："《诗》三百，一言以蔽之，曰：'思无邪'。"从艺术上说，就是提倡一种中和之美，文学作品要中正平和，要"乐而不淫，哀而不伤"，从思想内容到语言，都不要过分激烈，应当做到委婉曲折，而不要过于直露。

此外，孔子还提出了"尽善尽美"说、"文质彬彬"说、"辞达而已"说，指的是文学作品要尽可能地完美，文采与内容要紧密结合，不要过度追求华丽的形式。为此，他认定"言之无文，行而不远"。

孔子之后的文论内容很丰富。学习我国古代文论对新闻写作有重要的启发作用，主要表现为以下几点。

要重视新闻写作的目的性

三国时期的曹丕说："盖文章，经国之大业，不朽之盛事。"他把写作提到治理国家的高度来评述，说明了写作的重要意义。

唐代诗人白居易提出"文章合为时而著，歌诗合为事而作"，其理论的核心是强调创作要有目的性。他说："总而言之，为君、为臣、为民、为物、为事而作，不为文而作也。"

清代的李渔在《闲情偶寄》中说："古人作文一篇，定有一篇之主脑。主脑非他，即作者立言之本意也。"他主张写作要有"主脑"，即主题思想要十分明确。

古人还提倡"诗言志""修辞立其诚""意高则格高""所谓文者，务为有补于世而已矣""吾每为文章，未尝敢以轻心掉之"。

他们的这些观点，对我们今天开展新闻写作仍有借鉴意义。

要坚持新闻写作的真实性

西汉史学家司马迁十分主张写作的真实性，并努力在《史记》写作中实践。他秉持"不虚美，不隐恶"的实录精神，一切都照历史的实际情况真实地予以记录。由于他坚持实录精神，才完成了《史记》这部伟大的作品，对后世的史学界产生了巨大影响。

明代思想家李贽提出，写作要有"童心"。所谓童心，即童子之心，即不含一丝一毫虚假的真心，是不受偏见和假象熏染的心。他认为，童心是一切作品创作的源泉，是评价一切作品价值的首要甚至是唯一的标准。

我们在进行新闻写作时，也要坚持"实录"，坚持"童心"，坚持讲真话、说真情，把好新闻真实性这一关。

努力把新闻作品写得出新出彩

南宋的严羽在他的创作理论中有"兴趣"说、"妙语"说。他认为，写诗文应写出妙语，要有韵味，要有丰富隽永的审美趣味。他认为"妙悟即真"，是指写作者对于诗文美的本体、意境的实相的一种真觉感悟。

同是南宋的张炎在他的《词源》一书中专设"意趣"一节，提出了作品"意趣"的审美要求。从他的论述看，意趣当是指词中要蕴含的丰富的审美情趣。他主张好词要意趣高远、雅正合律、意境清空，追求美的效果。

古人还主张文章宜"立片言而居要"，"文章最忌随人后"，要使文章"出新意于法度之中，寄妙理于豪放之外"。

他们的这些观点，对如今的新闻写作实践仍有参考意义。如何改进文风，把新闻作品写得出新出彩，仍是需要我们努力探索的课题。

新闻工作者要有浩然之气

孟子在《孟子·公孙丑上》中说，"我知言，我善养吾浩然之气"，提出了"知言养气"说。孟子认为，必须先使作者具有内在的精神品格之美，养成"浩然之气"，才能写出美而正的言辞。这里的"养气"当是指培养自己的高尚思想情操和道德品格。他的这种思想影响了千百年来的文学创作，强调一个作家要从人格修养入手，培养自己崇高的道德品格。

三国时期的曹丕在《典论·论文》中提出了"文以气为主"的著名论断，他说："文以气为主，气之清浊有体，不可力强而致。"这里的"气"，是由作家的不同个性所形成的，指的是作家在禀性、气度、感情等方面的特点所构成的一种特殊精神状态在文章中的体现。"文以气为主"就是强调作品应当有鲜明的个性。

新闻工作者要不断加强学习

南北朝时期的文学理论家刘勰在《文心雕龙》中说，"才有庸俊，气有刚柔，学有浅深，习有雅郑"，指的是作家个性形成的四个因素：才、气、学、习。才，指作家的才能；气，指作家的气质和个性；学，指作家的学识；习，指作家的修养。这四个因素有先天的，也有后天培养的。才和气是先天的，学和习则是后天的，是和作家的努力与他所生活的环境影响联系着的。作家的才气虽然有先天好坏的差别，但是又受到后天学习状况的影响而有所发展并逐渐定型。这一学说强调了作家应加强学习，加强社会实践，才能写出优秀的作品。

此外，古人在写作中提倡的"为求一字稳，耐得半宵寒""语不惊人死不休""吟安一个字，拈断数茎须""操千曲而后晓声""百锻为字，千炼成句""博观而约取，厚积而薄发"等，都是在强调要不断地刻苦学习，才能达到写作的最佳状态，创作出优秀的作品。

第68问：新媒体信息有何缺陷

　　新媒体信息虽有传播速度快、传播范围广、发稿量大、互动性强等优点，但由于是互联网传播，加上有大量自媒体参与，从而产生了不少弊端与缺陷，应当引起重视。其主要表现有以下几个方面。

虚假信息　害人不浅

　　虚假消息多是新媒体新闻的缺陷之一。在互联网新闻中，经常会出现一些虚假信息，这些虚假信息涉及突发事件、公共卫生、食品安全、政治时事等内容。

　　由于传播的突发性和快速性，这些虚假信息会给民众日常生活带来影响。有的谣言和小道消息由于真伪难辨、蛊惑性强，甚至会导致社会问题，引发市场动荡。比如，一些关于新冠肺炎疫情的谣言，使很多人陷入恐慌之中；一些虚假的食品安全消息，会引起市场波动和人心不安。

　　为此，不少网络平台专门设置了辟谣专栏，试图把网上的谣言一网打尽。也有人主张建立全国网络辟谣联动机制，以迅速铲除各种虚假信息。然而，网络上恶意造谣、道听途说、旧闻新作、煽情炒作情况不断，这边压下去，那边又出来，真是防不胜防、堵不堪堵。这是互联网信息发布的原发病。因为有些人发布信息可以匿名、化名，自以为只有天知、地知、自己知。当然，严格查起来还是能查到源头的。但是，海量的信息，不可

305

能一条一条去核实追查。于是，有的人为了逞一时之能，听风就是雨，随意发布信息，显示自己神通广大；有的人以获取金钱利益为目的，编造产品质量如何好，找"刷手"刷单制造业绩，追求流量经济；有的人拼凑声音和画面，以"卖惨"的方式获取消费者的同情心来扩大销量。

由于网上虚假信息多，造成信息真假混杂，难于辨认，因此有人调侃："微信，微信，只能微微相信。"

矛盾信息　无所适从

新媒体新闻的第二个缺陷是矛盾信息多。

就拿喝水这件事来说吧，网上可以搜索到"喝白开水的好处"，也可以搜索到"喝白开水的坏处"；既有"茶叶中农药残留超标"的信息，也有"茶叶中农药残留合格"的信息，让人无所适从。读者往往会轻信其中一方面的内容而采取行动。

许多信息是戴着"专家""科学"的帽子发表的，公说公有理，婆说婆有理。比如，一个说，明天股票肯定要大涨，另一个说，明天股票肯定要大跌；一个说微波炉等家用电器辐射严重会致癌，另一个说辐射甚微可以放心使用；一个说，血管里有"垃圾""毒素"，要定期清理，另一个说，这是不科学的，不可信。

这些互相矛盾的消息让人捉摸不定、无所适从。以至有的网友说，总感觉对于各种网络报道都不知道能信什么、不能信什么了，并发出疑问：普通人如何在目前混乱且互相矛盾的信息中得到正确的信息并且做出正确判断？

粗制滥造　审稿不严

以前，笔者在报社上班时，知道审稿是很严格的，"三审三校"。文章作者自己要校对，夜班编辑要校对，报社还有专设的总编室校对组负责校对。十分重要的稿件要送总编辑、副总编辑审阅，一些重要的社论还要送更上一级的领导部门或中央首长直接批复。这些严格的规定，保证了新闻差错少，可信度高。

若粗糙地出稿，肯定会错误百出。有些错误让人哭笑不得，有些错误造成了不良影响，贻笑大方。比如，某网络平台曾发布一条信息，以《这个省份2018年高考录取工作结束，近50万考生无大学可上，太悲催！》为标题，对河南省2018年普通高校招生录取数据信息错误分析解读。河南省招生办出来澄清说："该报道中的相关录取数据未经省招办核实，多项数据错误百出，语言表述极不规范，混淆视听、误导公众，对我省教育招生工作产生了消极影响。"

以讹传讹 满城风雨

互联网的消息由于传播速度快、范围广，一旦发出错误信息，很容易以讹传讹，害了一大批人，甚至会扰乱社会秩序。

2007年，陕西省镇坪县发生过一起"周老虎"事件，以假老虎拍摄图片说是真的见到了华南虎。此事牵扯了国家林业局、陕西省镇坪县政府、镇坪县林业局等单位，是真是假，众说纷纭，有人说事件本身有不少猫腻，有人说造假行为是有人授意，弄得沸沸扬扬。经过很长一段时间折腾，最后，一批牵涉此事的干部因此受到处分。

又如，2018年10月28日，重庆市万州区一辆22路公交车在万州长江二桥上与一辆红色轿车发生碰撞，然后失控坠入江中。在黑匣子打捞上来前，网络上不少消息是谴责那辆红色轿车上的女司机，说她开车技术太差。10月31日，黑匣子打捞上岸。11月2日，公交车坠江原因公布，据车内黑匣子监控视频显示，系乘客与司机激烈争执互殴致车辆失控，这才还了红色轿车上那位女司机一个清白。

情绪化舆论的兴起，会使网络信息反复反转。过度的宣泄，会引起负面效应，危害性较大。

媚俗八卦 用词怪僻

互联网新闻虽有灵动之特点，也带来了媚俗横行、用词随意的坏毛病。有的大肆炒作明星绯闻隐私，热衷娱乐八卦；有的翻炒旧闻，"标题党"不断；有的用词不严谨、不规范，有不少不良信息会对青少年造成危害。

比如，有的网文把"我"叫"偶"，把"蟑螂"叫"小强"，把"这样子"叫"酱紫"，把"不知道"叫"布吉岛"，把"我爱你"叫"爱老虎油"，等等，都是让人很费解的。至于一些不文明用语更是被新华社列入禁用词之列。

标本兼治 良性发展

针对新媒体信息的缺陷与弊病，应当采取标本兼治的对策，以促进网络传播秩序实现良性转变。

——加强政府监管，确立传媒工作底线，要使媒体从业人员和信息发布者认识到网络绝非法外之地，必须知法、守法、自律，以高度的责任心确立主流价值观，努力做好工作。

——坚决打击谣言制造者。对谣言制造者要一追到底，绝不姑息。对造成恶劣影响和给人民生命财产带来危害者应绳之以法。广大网民要不信谣、不传谣。

——对网络上的大V博主、信息领军人的信息发布要严格管理。网络信息发布应实名制，即使用笔名也应可追溯。

——在各平台自行辟谣的同时，应充分发挥主流媒体的作用，对不实谣言发布权威性的结论，及时提醒受众，加以澄清，有效遏制不实信息传播，不断提升媒介公信力。

——提高新媒体新闻从业者素质，不定期进行培训，加强思想道德建设，提高技术与文字水平，规范语言文字，严格管理、运行审校和把关流程，以适应网络传播的发展需求。

第 69 问：新闻失实是何因

2022年春节前夕，有一条"好消息"在网上传播，流传于陕西、山东、天津等地。这条"好消息"的内容是："异地不返乡人员扫码申请可获4000元补助。"有的网民还真的去扫码了。

这条消息是真的吗？后经网警执法查证后，证实这是一条不实信息，并提醒广大市民不要盲目扫不明二维码，以免上当受骗。

通过这件事，我们来分析一下新闻失实的原因。

在网络时代，每天发布着海量的新闻，其中有一些新闻是失实的，甚至是严重失实。即使在十分严肃的报刊、电视节目上，失实新闻也时有出现。这不仅给受众造成不良影响，给媒体带来负面效应，给新闻撰稿人带来信誉危机，还会给实际工作造成不可估量的损失。

造成新闻失实的原因是多方面的，有主观因素，也有客观因素。

新闻失实总体上分为两种情况：故意失实和非故意失实。

故意失实应严查

故意失实是十分可恶的，应当严查，给予处分。

上述那条发4000元补贴的新闻就是故意失实，其目的是让网民扫描二维码，填写个人信息，以达到诱骗的目的。

在发布不实信息的人中，有的是为了博取眼球，增加粉丝；有的是为了达到"轰动"效应，获取经济利益；有的是在写报道时态度不端正，为了名利，编造出类似"纸馅包子"一类的假新闻；有的是写正面报道时随意夸大成绩，写得太满、太高，脱离了实际情况，夸夸其谈，吹嘘严重，说话绝对；有的是写负面报道时为了出风头，或泄私愤，或不正当竞争，故意捏造出一些负面消息，以此来显得自己"消息灵通"；有的是为了达到某种需要，想得到一些"好处"，搞有偿新闻；有的是为了迎合一些官员急于晋升的心态，写个人物报道，往他身上套一个又一个闪光的光环，拔高又拔高，结果树立的是一个假典型；有的是媒体间的激烈竞争中，一些媒体为了生存，为了效益，便不顾事实，"制造"出一些新闻，这就完全违背了新闻是新近事实的原则……

凡此种种，都是故意而为，是职业道德沦丧的表现，应当加以整改，并把那些造假性质特别恶劣的人清理出媒体队伍。

非故意失实当警觉

非故意失实的表现比较多，第一种是记者作风不深入造成的失实。由于在采访时没有深入调查研究，只是走马观花、浮光掠影、捕风捉影，对事实没有认真地核实，凭道听途说和街坊传闻就匆匆写报道，其结果必然是出现多处错误，难以挽回。

有的记者为了省事，向别人索要文字材料或转载有关报道时，并不考虑其内容可不可靠，全盘照登，也必然会造成失实的情况。

有的记者在采访新闻的过程中，并没有觉察到自己的报道与事实不符，事后才恍然大悟。这种失实是因为在采访中获得的原始材料本身是失实的，这是先天不足的原因。如果在采访时能深入一点，有质疑精神，多问几个"为什么"，就可以避免这种现象的发生。

第二种失实是由于撰稿人不懂新闻规律造成的。他们不了解新闻的基本特性，不了解新闻与文艺作品的区别，常常用写小说的方式来写新闻，热衷于合理想象、艺术加工、虚构情节、添枝加叶、编造故事。这样写出来的报道貌似生动，实际上是违背了新闻写作规律，失去了新闻的真实性。

还有的记者不了解写新闻报道必须认真核实新闻信息来源的要求，不知道应当核实新闻五要素和情节，也不明白写新闻不能摆布采访报道对象，不能人为制造新闻，不能违背科学和生活常识这些基本准则。他们没有按要求去做，便会造成新闻失实。

第三种失实原因是撰稿人和编辑知识贫乏、不懂装懂、粗心大意。由于文字基本功不扎实，不求甚解，对资料不核实，对人名、地名、典故出处不懂又不查证，乱用成语，造成稿件张冠李戴或错误百出的状况。

造成新闻失实有政治、社会、思想、作风、水平等各方面的原因。只有不断提高媒体人员的政治思想水平，弘扬职业道德，提高业务水平，严守规章制度，才能始终坚持新闻真实性的原则，把真实作为新闻的生命，坚持深入调查研究，使新闻报道真实、准确、全面、客观。

刊登了失实报道的媒体，应当承担责任，及时公开更正，向读者致歉，以消除不良影响，纠正错误。

第70问：媒体人如何守正创新、笃行致远

明星子女上节目被叫停

对明星子女上电视节目一事，许多人早有反感，认为不妥。明星已经出名了，已经捞了不少金了，还要让自己的子女赶快出名、赶快捞金，包装造星、一夜成名，是否太过分了？

这样做，对明星的孩子和看节目的老百姓的孩子都是一种伤害，一边是造富炫富，一边是心理黯然。这种节目造成的阴影是长期的、消极的。

在这类节目愈演愈烈的情况下，国家广播电视总局果断叫停，发布了《国家广播电视总局办公厅关于进一步加强文艺节目及其人员管理的通知》，明确指出，"不得播出明星子女参加的综艺娱乐及真人秀节目"。

在当今融媒体时代，各种媒介众多，各类信息如潮水般涌来。媒体与媒体人如何守正创新、笃行致远？如何努力提高新闻报道水平？这是值得我们经常思考的问题。明星子女上节目，就是某些编导缺乏社会责任、业务水平不高的表现。

媒体要坚持正面效应

在新闻学理论中，有一种叫社会责任论，指的是新闻报道必须真实、全面、理智，减少那些耸人听闻的煽情新闻，承担起教育和宣传的职责。

《中国新闻工作者职业道德准则》中指出，新闻工作者要"坚持正确舆论导向。坚持团结稳定鼓劲、正面宣传为主，弘扬主旋律、传播正能量，不断巩固和壮大积极健康向上的主流思想舆论"。

新闻媒介有着它的两面性，既有正面效应，又有负面效应：新闻媒介每天报道大量真实的消息，丰富多彩，使人们见多识广，但同时也有不少虚假消息混迹其中，搅乱了人们的正常生活；新闻媒介联结了各地区、各单位、上下级，甚至联结了全球，但也使人际关系受到影响，人情淡漠成为当今社会的弊病；新闻媒介对社会进步有积极作用，它是鼓劲的、奋进的，但是不少诲淫诲盗的报道污染了社会环境，这种状况不可忽视；新闻媒介每天传播大量的科技、教育、卫生、文化信息，却形成了知识碎片化的情况，使人们降低了思考能力。

由此可见，坚持新闻媒介的正面效应，不断地、经常地克服负面效应，仍是新闻战线一项长期而艰巨的任务。

努力提高新闻报道水平

目前，新闻报道水平不高的表现除报道内容贫乏、报道方式简单化外，更多的是策划出了差错，报道的指导思想出了毛病，这是报道队伍中一些人员素质不高的体现。

新闻报道的主要功能是传递信息、沟通情况，对公众所关注的问题应及时报道。同时，媒介通过分析、解读重大方针政策，传播知识，实现舆论导向；通过揭露、批判丑恶现象，扶正祛邪，维护公平正义。

面对这样重要的任务，有些媒体和媒体人不以为意，却热衷于"泛娱乐化"，过分强调新闻的娱乐功能，追星炒星，从而影响到其他功能的有效发挥。

"泛娱乐化"的产生与媒体追求高发行量、高点击率有关，与利益有关。追求高发行量、高点击率本身没有错，它可以扩大媒体宣传效果和影响力。但是在利益面前抛弃了媒体和媒体人的责任与担当，就是一种失职的表现。一旦"眼球新闻"成为主导后，就很容易违背新闻纪律和道德，甚至走上编造假新闻的不归之路。

比"泛娱乐化"更为严重的是直接造假。有的媒体为自身利益不择手段地造假，发布耸人听闻的消息。有一网站为了提高点击率，竟编造出矿难的假新闻，声称某煤矿发生重大伤亡事故，致十几人遇难，给矿区民众心理造成恐慌。经警方调查，该煤矿并未发生安全事故，制造假新闻的两个人被行政拘留。

在新闻的道路上，必须坚持正确的政治方向，必须改进文风，重视言论的作用，重视人才培养，才能提高新闻策划和报道水平，真正担负起坚持正确导向的责任。

后 记

问题，问题，有问才有题。

学问，学问，学习就要问。

在新闻采编的工作中，在业务培训的课堂上，在日常微信的交往中，宣传干部们提出了许多问题，内容涉及采访、写作、编辑等诸多方面。笔者把这些问题记录下来，有针对性地加以回答，写了一些笔记。不少人看后觉得"讲得很到位""十分有用"。

2021年以来，我们把这些笔记分门别类地整理排列了一下，选取其中70篇汇集成了这本书。提出问题、回答问题、解决问题是本书的写作脉络和最显著的特点。

作为媒体人，笔者对宣传干部在写作中需要什么有一定的了解，也略知提升媒介素养要从哪几方面入手。为此，本书从采访、写作、编辑、人才、提升这5个方面来加以问答，既有知识性、趣味性，又有方法论，以期对新闻从业人员的思想与业务进步有所帮助。

中国报业协会理事长、人民日报社原副社长张建星为本书作序，人民日报社属《中国城市报》总编辑杜英姿为本书撰写前言，深感荣幸，不胜感激！

本书的编辑出版得到了新闻界同行许多朋友的支持，在此表示衷心的感谢！

书中难免有错讹、不妥之处，敬请读者批评指正。

姚赣南　常亮　张超南

于人民日报社